"校企合一"新课程系列教材

职业学校毕业设计指导与实例
（第二版）

张富建　主编

清华大学出版社
北京

内容简介

本书是指导职业学校毕业生顺利完成毕业设计（论文）的参考用书。本书介绍的各个毕业设计实例均精选自近几年学生的毕业设计课题，一些实例还结合了教师的科研项目。通过对这些毕业设计实例的介绍和点评，详细讲述了毕业设计的思路、方法、步骤和技巧。本书附赠的光盘中是书中毕业设计案例的详细介绍以及第一版中删去的实例内容。

本书可作为职业学校师生开展毕业设计（论文）的教学用书，也可作为学生进行毕业设计、课程设计、创新设计和综合设计的参考书，还可供相关设计人员、教学管理人员阅读和参考。

本书封面贴有清华大学出版社防伪标签，无标签者不得销售。
版权所有，侵权必究。举报：010-62782989，beiqinquan@tup.tsinghua.edu.cn。

图书在版编目（CIP）数据

职业学校毕业设计指导与实例/张富建主编. --2版. --北京：清华大学出版社，2014（2024.1重印）
"校企合一"新课程系列教材
ISBN 978-7-302-37119-9

Ⅰ. ①职… Ⅱ. ①张… Ⅲ. ①毕业实践—高等职业教育—教学参考资料 Ⅳ. ①G642.477

中国版本图书馆CIP数据核字（2014）第137777号

责任编辑：张 弛
封面设计：傅瑞学
责任校对：刘 静
责任印制：杨 艳

出版发行：清华大学出版社
　　网　　址：https://www.tup.com.cn，https://www.wqxuetang.com
　　地　　址：北京清华大学学研大厦A座　　　　邮　　编：100084
　　社 总 机：010-83470000　　　　　　　　　　邮　　购：010-62786544
　　投稿与读者服务：010-62776969，c-service@tup.tsinghua.edu.cn
　　质量反馈：010-62772015，zhiliang@tup.tsinghua.edu.cn
印 装 者：三河市君旺印务有限公司
经　　销：全国新华书店
开　　本：185mm×260mm　　印　张：14　　　　字　数：317千字
版　　次：2010年11月第1版　2014年7月第2版　印　次：2024年1月第11次印刷
定　　价：40.00元

产品编号：059803-02

丛书序

为落实《国务院关于大力发展职业教育的决定》中提出的"以服务为宗旨,以就业为导向"的办学方针,经过大量的社会需求、企业用工和人才市场的调研,我们组织编写了这套针对"校企合一"的职业教育系列教材。

"校企合一"教学模式是指在教学过程中,推行"学校即企业,课室即车间,教师即师傅,学生即员工"的人才培养模式。本系列教材结合国家级课题"'校企合一'高技能型紧缺人才培养模式研究",按照专业工种分别编写。其中,部分教材内容已经过学校实践试用,学生实现了模拟到真实、技能到技术、学生到员工的三个转变,取得了良好效果。

全球金融危机的蔓延给世界经济格局带来负面影响,在社会经济形势和政策环境的双重催化下,为"校企合一"高技能人才培养模式提供了坚实的条件和丰沃的土壤。

致力于用"校企合一"双元制,为"中国创造"培养"技术英才",还原职业教育原本的功能,探索符合中国国情的教学模式,编写符合"校企合一"教学模式的教材是我们的责任与使命。

本套教材的推出,为我国职业技术教育课程教学和教材开发开创了一种新的模式,在职业技术教育课程模式和培养模式的根本性转变上,具有十分积极的意义。

本套教材的组织编写,是"校企合一"以及"双元制"教材开发的一次有益尝试,是在市场调研、教学总结、方案研讨、编者培训、实地考察,以及与具有丰富实践经验的企业领导和一线人员进行座谈的基础上进行的。编写委员会的成员、职业教育方面的专家和老师、企业界的技术管理人员均为本套教材的编写倾注了心血和力量。

希望本套教材的出版,能为推动我国职业技术教育课程及教材改革作出贡献。

本系列教材从2008年年初开始筹备编写,2009年9月起陆续在清华大学出版社出版。虽然我们尽了最大努力,但由于编者水平有限,本套丛书仍有种种不足之处,敬请读者批评指正,欢迎广大师生、专家学者、企业工人、技术人员、人力资源领导等提出宝贵建议,欢迎大家一起参与编写,联系邮箱:gdutjian@163.com。

丛书编委会

2009年9月

第二版前言

本书第一版于 2010 年 11 月出版,因体系新颖、符合职业院校实际教学,出版 4 年来得到不少职业院校的认可。师生反馈本书是一本内容全、材料新、体系好的教材,同时也指出书中的一些不足,如本书毕业设计作品未能涉及更多的专业,有的图片缺乏立体效果,学生不容易理解。

随着相关知识及教学理念的更新,本书编者在广泛征求师生意见的基础上,结合所在院校课程和教学改革实际,对第一版进行了修订。在保持第一版特色的基础上,努力更新内容,特别着力于增加教材的实践性、实际性,以利于各院校使用。

在第二版中主要做了如下修改:

(1) 保留了原书的内容及组织结构,修改了书中存在的错误;

(2) 简化不必要的内容;

(3) 补充、更新了一些内容,使读者更容易理解和掌握,如加工图纸增加三维立体图。

(4) 增加了工业设计、工业机器人应用、动漫设计、数控加工等专业的毕业设计作品,删减的第一版中的作品以 PDF 格式保存于所附光盘中。

本书案例经典,精选了近年师生实际设计的多个完整案例,汇聚了教学和科研的结晶。主要收录了机械电工(电梯)类、数控模具类、汽车维修类、计算机类、物流类、电子商务类等专业的毕业设计与论文案例,并对其进行简要评析,以实例进一步说明毕业设计与论文的写作、制作过程和特点。指导全面,从选题、开题、设计、制作到答辩和存档,从系统设计到元件选取、部件安装、设备调试,面面俱到;注重实用,主要传授经验、技术和设计方法。答辩、制作的经验和技巧系作者多年在教学、科研一线工作和指导毕业设计工作的精华沉淀,操作性强。全书通俗易懂,图文并茂,适应读者边看书边操作的需要,便于自学。

本书由张富建任主编;作品视频由张富建、徐志良等拍摄,创新设计大赛现场视频由孙中军、苏季远拍摄,视频配音由李叶负责;全部视频由张富建负责编辑和后期制作。毕业设计实例部分(含光盘资料)均来自学生真实毕业设计实例,由赖圣君、张志雄、邹仁、李艳红、王宴珑、梁达志、黄智亮、卢静霞、郑耀显、唐晔、尹向阳、林少宏、李诗艮、刘爱初、梁文远、余伟正、谢鸳、肖必初、何东、谢振中、高舢、喻红兰、张建中、区信文、卢燕玲、梁永波、潘鸿、徐志良、李海芳、乐晨等老师协助收集和整理。本书参考了他们的部分教学成果、设计成果和科研成果。他们长期从事教学和毕业设计指导工作,有丰富的指导毕业设计的实践经验。

本书由一直从事毕业设计指导、答辩评委工作多年的叶汉辉、郭英明审定。本书编写、审定过程中,编者同事与好友刘霞、陈移新、周海蔚、程豪华、王治平、罗恒年、叶桂容、李权、李红强、郭秀明、李海芳、郑伟浩、徐位雄、罗宇娟、黄军梅等老师提出了许多宝贵意见。广州市职业技术教研室林晓群，广州市机电技师学院"毕业设计"提出人之一袁佳杰认真阅读了全稿，并且提出了宝贵建议。广州市型腔模具有限公司黄伟祥主任，广州市柴油机厂陈耀新等给予了大力支持和帮助。编者的毕业学生提供了部分毕业设计作品。感谢广东工业大学广播台的学生干部们，他们为本书光盘的专业配音提供了大力支持；同时也感谢启发我们的所有参考资料的编著者。

尽管进行了一些修改，但仍会有疏漏之处，望广大读者给予指出和批评。

编者

2014 年 6 月

本书案例及资源

第一版前言

职业学校(技工院校)教育的一个重要目标是将学生培养成为生产一线的技术英才,在"学校即企业,课室即车间,教师即师傅,学生即员工"的"校企合一"人才培养模式下,学校开设课程设计、综合设计和毕业设计正是为实现该目标而采取的最重要的培养手段。

毕业设计是训练学生掌握工程技术,培养学生工程理念的重要环节,同时也是教学计划中最后的综合性实践教学环节。它是在教师的指导下,学生独立从事设计工作的初步尝试,其目的是培养学生综合运用所学的基础理论、专业知识、基本技能来研究和处理问题的能力;通过考察、立题、收集资料和设计方案等一系列过程,检查学生的思维能力和动手能力,进一步考核教学水平,这对深化教学改革,提高教学质量有着重要意义。

职业学校学生毕业设计是反映学生水平的一个重要考核,是"校企合一"的一个最重要反映。它与高校毕业设计截然不同,高校毕业设计主要反映的是学生理论水平,反映的是学生对本专业综合知识的理论应用;职业学校毕业设计反映的是学生实际操作水平,重点在于学生的制作成品(产品)。

广州市机电技师学院从2002年开始推行毕业设计,是职业学校中开展毕业设计最早的院校之一,多年来积累了丰富的经验和大量的学生毕业设计作品。这些作品历年来获奖无数,也为本教材的编写奠定了良好的基础。

社会对学生有什么样的要求,学校就应培养学生什么样的能力,应当根据社会要求改革课程。就业方式的转变和就业环境中的激烈竞争,要求着重培养职业学校学生的动手能力、创新能力和适应社会的能力。而毕业设计是综合性最强的全面训练,是创新能力、实践能力的验证环节。目前,职业学校毕业设计没有专门的教材和标准化的指导,学生对毕业设计的目的、过程和实施了解不多,影响了毕业设计质量和对学生能力的培养。本书的目标就是为学生顺利完成毕业设计(论文)提供指导,以培养学生的工程意识和全面发展的能力。

指导教师应该以"以培养学生实践能力为主"的课改方案为契机,以毕业设计改革为切入点,在毕业设计的立题和毕业设计要求方面进行改革,同时在毕业设计过程中对学生毕业设计的进度和质量进行多方位把关,保证毕业设计按时完成。

编者根据多年的教学和实践经验,在书中编写了大量的实际操作内容,希望读者通过这些实际操作加深对相关内容的认识和理解,尽快把理论知识转化为解决实际问题的能力,以此作为真正工程设计和科研的开端。

本书精选了近几年来师生实际毕业设计的多个完整的经典案例,汇聚了教学和科研的结晶,主要收录了机械电工(电梯)类、数控模具类、汽车维修类、计算机类、物流类、电子商务类等专业的毕业设计与论文案例,并对其进行简要评析,以进一步说明毕业设计与论文的写作、制作过程和特点,指导全面,从选题、开题、设计、制作到答辩和存档,从系统设计到元件选取、部件安装、设备调试,都有详细的引导;注重实用,主要传授经验、技术和设计方法,对答辩、制作的应对措施一步到位,经验和技巧系作者多年在教学、科研一线工作和指导毕业设计工作的精华沉淀;操作性强,通俗易懂,图文并茂,适应读者边看书边操作的需要,便于自学。

相信通过本书理论与实践相结合的讲述,一定会为职业学校毕业生做好毕业设计提供实用、有益的帮助。同时,希望也能为毕业设计的指导教师提供更多的教学参考资料。为此,将本书介绍的各毕业设计实例的部分实物图片(或软件、程序、系统)、制作图样、答辩PPT等收录于本书的配套光盘中,同时还收录了部分创新大赛、作品展示的视频介绍。由于毕业设计实例非常多、容量大,对于一些未能收录于本书配套光盘中的内容将放在清华大学出版社的网站上供读者下载,敬请留意。

本书所涉及的专业大类有限,尚不能包含目前职业教育所涉及的所有学科,诚挚欢迎广大职业学校毕业设计指导教师提供更多专业大类的素材,推荐更多、更好的毕业设计实例和点评,以便将来在本书修订时编入其中。

本书由张富建编写。配套光盘视频由张富建、徐志良等拍摄,创新设计大赛现场视频由孙中军、苏季远拍摄,视频配音由李叶负责;全部视频由张富建负责编辑和后期制作。毕业设计"案例介绍"部分均来自学生真实毕业设计实例,由赖圣君、张志雄、邹仁、李艳红、王宴珑、梁达志、黄智亮、卢静霞、郑耀显、唐晔、何俊毅、尹向阳、林少宏、李诗艮、刘爱初、梁文远、余伟正、谢藜、肖必初、何东、谢振中、高舢、喻红兰、张建中、区信文、卢燕玲、梁永波、潘鸿、徐志良、李海芳、乐晨等老师协助收集和整理。本书参考了他们的部分教学成果、设计成果和科研成果。他们长期从事教学和毕业设计指导工作,有着丰富的指导毕业设计的实践经验。

本书由一直从事毕业设计指导工作并多次担任创新设计大赛评委的叶汉辉、郭英明审定。在本书编写、审定过程中,编者同事与好友刘霞、张明、陈移新、周海蔚、程豪华、王治平、谢苑玲、罗恒年、叶桂容、李权、李红强、郭秀明、李海芳、郑伟浩、徐位雄、罗宇娟、黄军梅等老师提出了许多宝贵意见;广州市职业技术教研室林晓群、广州市机电技师学院毕业设计提出人之一衷佳杰认真阅读了全稿,并且提出了宝贵建议;广州市型腔模具有限公司黄伟祥主任、广州市柴油机厂陈耀新等给予了大力支持和帮助;编者的毕业学生提供了部分毕业设计作品;广东工业大学广播台的学生为本书配套光盘的专业配音提供了大力支持,在此一并表示诚挚的谢意。

由于编者水平有限,尽管全体参编人员已尽心尽力,但也难免存在遗漏和错误之处,恳请广大读者对本书提出宝贵意见和建议,以便修订时补充更正。

编　者

绪论 ··· 1

第一部分 理论指导

第一章 毕业设计概述 ·· 7
第一节 毕业设计的目的和意义 ··· 7
第二节 毕业设计的要求 ·· 8
第三节 毕业设计中指导教师的职责 ·· 9
第四节 毕业设计对学生的要求 ·· 10

第二章 毕业设计流程 ·· 11
第一节 毕业设计的选题与审批 ·· 11
第二节 毕业设计的开题与分工 ·· 16
第三节 毕业设计的主要过程 ··· 18
第四节 毕业设计说明书(论文)的撰写 ··· 20

第三章 毕业设计答辩和考核评定 ··· 28
第一节 毕业设计答辩意义 ··· 28
第二节 毕业设计答辩前的准备 ·· 28
第三节 毕业设计答辩过程 ··· 30
第四节 毕业设计成绩评定 ··· 33
第五节 毕业设计的总结与成果展示 ··· 34

第二部分 案例介绍

第四章 工程学类毕业设计实例 ··· 39
实例一 电控四自由度机械手的设计制作 ··· 39
实例二 全自动智能人行道的设计制作 ·· 50
实例三 可编程智能控制小车的设计制作 ··· 62
实例四 汽车行车防护系统的设计制作 ·· 66
实例五 四层四站串行全智能微机控制电梯的设计制作 ···························· 72
实例六 恒温恒湿机控制线路的设计 ·· 78
实例七 学校 50 周年纪念徽章冲压模设计 ·· 85
实例八 先进技术的脸谱设计 ··· 91

实例九　整体叶轮加工 …………………………………………… 101
　　实例十　机器人智能药品分拣系统方案设计 …………………… 111
第五章　计算机（动漫、物流、电子商务、工业设计）类毕业设计实例 ……… 121
　　实例一　小型物流仓库系统的设计 ……………………………… 121
　　实例二　亚德图书馆管理系统的设计 …………………………… 135
　　实例三　想念巧克力包装设计 …………………………………… 151
　　实例四　商品管理系统的设计 …………………………………… 167
　　实例五　圣典西餐厅网站设计 …………………………………… 188
　　实例六　贝蓓花园彩铅手绘插画 ………………………………… 200
　　实例七　旋转排插的造型设计 …………………………………… 204
附录 A　毕业设计选题与审批表 ……………………………………… 207
附录 B　毕业设计实施进度与检查表 ………………………………… 208
附录 C　毕业设计成绩评定表 ………………………………………… 209
附录 D　创新设计大赛报名表 ………………………………………… 210
参考文献 ………………………………………………………………… 211

绪 论

知识要点：什么是职业学校的毕业设计？职业学校毕业设计有哪些特点？企业的产品设计过程是怎样的？职业学校开设毕业设计可行吗？职业学校如何进行毕业设计的教学安排与实施？

一、什么是职业学校的毕业设计

毕业设计一般是在高校教学过程的最后阶段采用的一种总结性的实践教学环节。通过毕业设计，能使学生应用所学的各种理论知识和技能，进行全面、系统、严格的技术及基本能力的实用性综合练习。通常，仅大专以上的毕业生在毕业前根据不同的专业进行毕业设计，对(中等)职业学校的学生不做要求。一些具备条件的职业学校在要求学生掌握相应的理论知识和专业技能基础上，积极创造条件，将职业技术教育"高移"，在职业学校试行毕业设计，这种毕业设计常常以实际操作和制作产品为主，配以适当的文字表述，取得了较好的效果。毕业设计作为一门重要的课程在职业学校开设，是对高级职业技能培训与教学的综合检测。它既是对学生学习水平与能力的测试，也是对职业学校教学质量的评估。

二、职业学校毕业设计有哪些特点

1. 毕业设计强化了职业学校教育的目的

职业技术教育主要是培养具有一定文化基础知识、专业理论知识和操作技能的专业人员，职业技术教育必须担负起培养高素质劳动者的重任。科学技术的突飞猛进，带来了第四次科技革命，知识更新速度加快，周期变短，科技和经济结合得更紧密，随着产业结构的变化，需要体力和简单技能的岗位和数量逐渐下降，而需要更高知识、技能的岗位数量将会增加。以机械专业为例：以往中高级车工才能完成的一些精密加工，现在只要具有数控加工技术的工人，利用数控车床，便能轻而易举地做到，而且能完成得更好。由于新技术、新设备、新工艺和新材料的不断应用，岗位能力要求越来越高，要求从业人员能主动适应并创造性地开展工作。因此，职业技术教育已不能仅仅满足于培养技能操作型工人，而应该培养更多具有创造力的技术型工人。毕业设计作为一种创新教育，能够教给学生一个全新的思维模式，可以激发学生的创新意识和潜能。毕业设计的内容可以是多门学科的综合、学科与技能的综合、技能与生产的综合，将多种内容渗透到一个课题中去，有利于学生形成一个更加全面、完整的认知结构，形成鼓励创新、倡导创新的良好氛围。

2. 毕业设计贯彻了理论联系实际的原则

职业技术教育立足于现实，着眼于未来，积极创造条件，使职业理论教育与现代生产实际相结合。理论与实际相结合，不仅包括课堂上学的有关知识要与技能练习相结合，还包括要引导学生了解和接触社会实际的内容。学生进行毕业设计，是在专业理论知识的指导下，通过各种方式，解决一些实际性的问题。在设计过程中，学生可以将所学的理论知识运用到实践中，这不仅能加深对专业理论知识的理解，而且能丰富和发展书本上的理论知识，使之转化成更高层次的经验、技能和技巧。由于现行的教学模式，理论知识与技能，尤其是与生产实践存在着严重的脱节，学生无法将他们课堂上学习的理论知识与现实生产问题联系起来，使之学不能致用。而增加毕业设计这一环节，通过合理选择课题，引导学生有意识地、系统地运用所学知识和技能，去分析思考，有助于理论知识与实践的有机结合。

3. 毕业设计有助于提高学生适应未来岗位的能力

教育的改革和发展，既要反映当代社会的实际需求，更要充分考虑社会的发展趋势。要更新职业教育理念，调整职业教育深度，不仅要着眼于学生的昨天和今天，还要着眼于学生的明天。毕业设计能够加强各门课程的联系，拓展一些相近或相关专业的技能，给学生留下适应多项工作所需要的知识的"接口"，为学生的终身教育奠定知识基础和能力基础。

三、企业的产品设计过程是怎样的

毕业设计主要是以制作实物为主，它和企业的产品设计有点类似。在企业，典型的产品设计过程包含四个阶段：概念开发与产品规划阶段、详细设计阶段、小规模生产阶段、批量生产阶段。

1. 概念开发与产品规划阶段

该阶段是将有关市场机会、竞争力、技术可行性、生产需求的信息综合起来，确定新产品的框架，包括新产品的概念设计、目标市场、期望性能的水平、投资需求与财务影响等。

2. 详细设计阶段

一旦方案通过，新产品项目便转入详细设计阶段。该阶段的基本活动包括产品原型的设计与构造，以及商业生产中使用的工具与设备的开发，其核心是"设计—建立—测试"循环。首先，所需的产品与过程都要在概念上定义，而且体现于产品原型中（可在计算机中进行设计或以物质实体形式存在）；然后，对产品进行模拟测试。如果原型不能体现期望性能特征，则应进行设计改进以弥补这一差异，并重复进行"设计—建立—测试"循环。该阶段结束以产品的最终设计达到规定的技术要求并签字认可作为标志。

3. 小规模生产阶段

在该阶段中，在生产设备上加工与测试的单个零件已装配在一起，并作为一个系统在工厂内接受测试。在小规模生产中，应生产一定数量的产品，也应当测试新的或改进的生产过程以便应付商业生产。正是在产品生产过程中的这一时刻，整个系统（设计、工具与生产设备、零部件、装配顺序、生产监理、操作工、技术员）组合在一起。

4. 批量生产阶段

这是开发的最后一个阶段。在批量生产中，起初是在一个相对较低的数量水平上进行生产，当组织对自己（和供应商）连续生产能力及市场销售产品的能力的信心增强时，产量开始增加。

结合"学校即企业，课室即车间，教师即师傅，学生即员工"的"校企合一"人才培养模式，利用产教结合，开展课程和教学体系改革，与企业共同制订教学计划、教学内容，通过毕业设计，验证教育教学从虚拟→模拟→真实的零过渡，也使学生更好地"零距离"实现从学生到企业员工的转变。在毕业设计过程中，应将设计项目视为一个企业项目去精心经营；在毕业设计过程中，推行企业化管理，包括 ISO 管理、成本管理、质量管理、设备管理等，要求学生在有限的资源下制作出更好的作品。

四、职业学校毕业设计可行吗

答案是：可行。

首先，从教学的角度考虑。高级班（初中起点五年制）、高职班（高中起点三年制）的毕业班学生通过一定时间的校内学习，已获得了相应的理论知识和一定的专业技能，他们大部分通过了本专业高级职业资格的考证，已经完成本专业的教学任务。

其次，从学生的能力角度考虑。这些学生大部分已经参与企业生产实践（顶岗实习），获得了一定的实践经验。对他们来说，更渴望把所学的理论知识应用到生产实践中。而在生产实践中所涉及的一些实际问题，又能促进其带着疑问积极地探索与研究，并希望通过进一步的理论研究能给予解决。

因而，在职业学校进行毕业设计，不论是知识、技能的预备还是心理的准备都具备了较好的基础。

实践证明，以广州市机电技师学院为例，该校从 1999 年起率先开始招收高级班（初中起点五年制），2001 年率先开始招收高职班（高中起点三年制），为了保证高级（高职）班毕业生的整体素质，保证教学质量，并为高级（高职）班的发展积累教学经验，学校从 1999 级高级班与 2001 级高职班开始推行毕业设计的教学工作，并要求以制作实物为主，这些年来已取得很大成果。学生的作品获奖甚多，包括：全国技工学校技术开发优秀成果一等奖，中南地区港澳特区大学生创新设计制造大赛、广东省大学生创新设计与制造竞赛一等奖，省市职业技能培训和技工教育教学成果一等奖，部分作品还获得了国家专利。毕业设计展示场面如图 0-1 所示。

图 0-1　毕业设计展示场面

五、职业学校如何进行毕业设计的教学安排与实施

毕业设计要起到不可置疑的作用,就应该在整体教学设计中给予一定的地位。把它作为一门重要的课程进行设置,并积极进行组织实施。

由于毕业设计的课题选择具有举足轻重的作用,为此,课题确立前的准备工作十分重要,职业学校的教务部门必须提前做好准备和安排,从时间、人力、设备使用等各方面进行全面而又周密的安排。

一旦毕业设计的指导教师确定后,教学部门、指导教师和与课题相关的企业需要进行实质性的交流,以体现和发挥"校企合一"的真正作用。

组织实施更是开展毕业设计的关键。学生可能在不同的岗位上进行顶岗实习,如何保证相互配合与工作的时间,正常教学设备的使用与毕业设计所需用设备之间的矛盾,教师正常教学与毕业设计的指导产生的矛盾等,都在组织实施中产生,并且是必须解决的实际问题。

为了推广毕业设计,广州市机电技师学院每年都举办高级(高职)班毕业设计展示会,展示毕业设计的计划与方案、毕业设计实施过程的具体安排与做法、毕业设计的成果(包括实物、软件、论文和论文答辩效果等),吸引了全校师生的参与。

在展示现场,每一个项目做好展示牌,标明班别、项目名称、设计人员和指导教师,安排一个以上的指导教师与两个学生参加并进行讲解;优秀设计项目还展示其设计构思(方案)、技术参数,讲解成果的优点、发展前景与不足之处。

通过举办高级(高职)班毕业设计展示会,使全校师生对毕业设计树立正确的认识,从而保证并不断提高毕业设计的质量,使它成为职业学校教学的必不可少的环节。

第一部分

理论指导

第一部分

理论基础

第一章

毕业设计概述

知识要点：毕业设计在高等教育中作为一门重要的课程开设，在职业学校，该课程是对高级职业技能培训与教学的综合检测，既是对学生学习水平与能力的测试，也是对学校教学质量的评估。

学习建议：毕业设计的实施将为高级（高职）班的教学工作积累丰富的经验及打下良好的基础，毕业设计将配合高级工以上的职业技能鉴定为职业学校教学工作画上完满的句号。广大师生要把毕业设计作为必修课来进行教与学，按照"上课即上班，设计即工作；专业即职业，作品即产品；实习工场（机房）即车间；学生即学徒，教师即师傅"的模式来进行毕业设计，按时按质地完成毕业设计任务。

第一节 毕业设计的目的和意义

积极进行职业教育改革，建立适应新世纪经济、社会和科学技术发展需要的新的教育质量观念，并通过各项改革措施，全面提高人才培养质量，是职业学校面临的一项重大课题，也是职业教育当前要完成的重要任务之一。围绕影响职业学校高技能人才培养质量的突出环节——毕业设计，积极进行改革探索，对于培养适应新世纪需要的高技能人才具有重要意义。

通过毕业设计强化学生对基本知识和基本技能的理解和掌握，培养学生收集资料和调查研究的能力，融会贯通几年来所学到的专业基础知识和专业理论知识，综合运用所学专业理论知识和技能提高独立分析问题和解决实际问题的能力，培养和提高与设计群体合作、相互配合的工作能力，为今后工作做好技术储备，都具有十分重要意义。

一、毕业设计是培养高技能人才的重要环节

通过深入实践、了解社会、完成毕业设计任务、完成作品制作等诸环节，着重培养学生综合分析和解决问题的能力，以及独立工作能力、组织管理和社交能力；同时，对学生的思想品德、工作态度及作风等诸方面都会有很大影响，对于增强学生的事业心和责任感，提高学生的全面素质具有重要意义。毕业设计是学

生在校期间的学习和综合训练阶段,是使学习深化、拓宽并综合运用所学知识的重要过程,是学生学习、研究与实践成果的全面总结,是学生综合素质与工程实践能力培养效果的全面检验,是实现学生从学校学习到岗位工作的过渡环节,是衡量职业教育质量和办学效益的重要评价内容。

二、毕业设计能有效地培养学生的创新能力

① 毕业设计要求学生综合运用所学的理论知识和技术知识,相对独立地、创造性地解决科学研究、工程设计问题,从而得到科学的研究方法和独立工作能力的锻炼,并取得设计成果。将所学的知识进行全面综合,用来分析和解决实际问题并且为解决问题而去自学一些新的知识,这本身就是一个创新能力形成的过程。

② 毕业设计能够全面地培养学生的创新能力。毕业设计要经历选题、调研、提出方案、确定技术途径、零部件购置、设备安装、设备调试、总结、答辩等阶段,从中受到提出问题、检索资料、分析和解决问题的各种途径及关键要素、安装调试、撰写说明书和毕业论文、接受答辩等基本训练,从而培养学生的优良思维品质,以及勇于实践、探索和开拓的精神,这是其他教学环节所不能替代的。

③ 毕业设计为学生创新能力提供了试验或实验的机会。创新意识和创新思维的培养,归根到底要以实践为基础,又靠实践来检验。学生的一些新的想法和方案可以在毕业设计中进行验证,有些想法通过验证来纠正、完善,直到成功,从而使学生提高兴趣,也增强创新自信心。

第二节　毕业设计的要求

职业学校毕业设计是高级工(技师、高级技师)教育的重要环节之一,也是衡量毕业生是否达到高级工(技师、高级技师)水平的重要依据之一。

职业学校毕业设计与高校不同,职业学校的学生理论水平比高校低,但是他们有实操能力的优势,所以其要求不能与高校相提并论。毕业设计的要求应体现在毕业设计的各个设计环节,可根据课题的特点而有所侧重。

一、基本要求

① 毕业设计实行分组指导,每组指导教师1~3人,学生5~10人,工作量大的项目可适当增加人数,每组可以选择一个课题、一项工程、一个系统、一项技术改革等多项符合高级工以上要求的技能目标。指导教师中至少有1名中级以上职称,还应该持有高级以上技术等级证书。

② 毕业设计的定位必须合理,不能照搬高等(高职)院校的课题与要求,也不能降低其技术要求的含金量,务求做到理论知识完整、工艺流程合理、制作技术达标,举全组之力

来制作。

③ 指导教师撰写教学全过程的完整教案。

④ 学生在指导教师指导下完成的实物、工件、软件等,每个课题小组的学生均应参与实物制作过程。

⑤ 学生为完成该实物的相应论文、说明书、制作过程等。

二、其他要求

① 除了制作实物,学生应每人写一份毕业设计说明书(论文),总字数 3000 字以上;论文中 2/3 以上的内容必须是直接写本组做的课题,包括原理介绍、方案比较、计算过程、证明过程、调试过程、实验结果与分析、存在问题及解决方案等;最后一部分写自己的结论,结论要明确,能体现自己做的工作,不要将别人的工作写入结论。

② 论文中不足 1/3 的内容应是有关自己课题的综述、与课题有关的基础知识简介。这部分内容必须紧密结合自己的课题,是自己对毕业设计的综述,体现自己对课题的理解,不得大段抄袭。

③ 格式要符合要求,论文不能出现抄袭现象。

三、设计规范

各专业毕业设计规范参考一览表,如表 1-1 所示。

表 1-1　毕业设计规范参考一览表

专业 \ 要求	技术含量	工作量	图样	公式原理引用	计算过程	程序或动画图片等	检测数据	结论	备注
计算机(物流、电子商务)	有	有				有	有	有	
机械	有	有	规范	有	有	可根据实际情况设立	有	有	
电工	有	有	规范	有	有	可根据实际情况设立	有	有	

第三节　毕业设计中指导教师的职责

在学生的毕业设计过程中,指导教师应引导学生以科学、认真的态度进行毕业设计,并对毕业设计的水平和质量起主导作用。在毕业设计中对指导教师的要求如下。

① 要求指导教师有强烈的责任感,从德、智、体各方面关心学生的成长,做学生的良师益友;同时应具备较强的理论知识和丰富的实践经验,既能从理论上指导,又能给予实践上的帮助。

② 熟悉自己所指导的课题内容,掌握有关资料,提前做好准备工作,包括制订毕业设

计任务书，收集和查阅资料，做好加工制作准备等。

③ 全面了解学生情况，分析学生条件，帮助学生选好课题，提出各阶段的设计要求和日程安排，指导学生制订并周密安排毕业设计（论文）的进度计划。

④ 高度重视对学生独立分析、解决问题能力的培养及对设计思想、设计方法的指导，注意调动学生的积极性和启发学生的创造性。

⑤ 掌握学生毕业设计（论文）的进度情况，抓好关键环节的指导。对学生设计或制作方案、设计方法、理论分析、数据处理及结论等关键环节要认真检查，同时要检查设计进度和设计质量，解答学生设计中遇到的困难和问题。

⑥ 指导学生正确制作实物，制作过程中要强调"安全第一"，务必规范操作；督促学生穿戴劳保用品，做好设备清洁与维护保养等，杜绝出现安全事故。

⑦ 严禁由教师手把手地教，甚至由教师一手包办，使毕业设计流于形式，起不到应有的作用。

⑧ 指导学生撰写毕业论文或设计说明书，督促和指导学生做好答辩前的各项准备工作。

⑨ 答辩结束后应及时将毕业设计（论文）材料整理归档，把成绩上报教务处，协助教务处等部门做好毕业设计成果展示工作。

第四节　毕业设计对学生的要求

以制作实物为主的职业学校毕业设计，对学生有以下的基本要求。

① 学生应在指导教师指导下独立完成给定的设计任务，工作过程中，要尊敬老师、团结互助、虚心学习、勤于思考；正确绘制机械图样（编写程序），制作相应的实物（软件），独立撰写毕业论文或毕业设计说明书；应充分认识毕业设计的重要性，有高度的责任感，在规定的时间内全面完成实物制作，以及毕业设计（论文）的各项工作，争取优异成绩。

② 学生应能综合运用所学专业的理论知识与技能，分析与解决制作过程中的问题；通过毕业设计工作达到使理论知识深化、知识领域扩展、专业技能延伸的目的；应学会依据毕业设计课题进行资料的收集、调研和整理，学会工具书等的使用。

③ 学生应主动接受教师的检查和指导，定期向指导教师汇报工作进度，认真听取指导教师对工作的意见和指导。

④ 学生在实物制作过程中，要发挥团结合作精神，做到分工合理，提高工作效率；要严格遵守学校有关规章制度，特别是在实物制作过程中，要遵守各项安全操作规程，以免出现安全事故。

⑤ 学生在毕业设计（论文）工作中应充分发挥主动性和创造性，培养创新思维和创新能力，树立实事求是的工作作风。

⑥ 做好答辩前的各项准备工作，按时参加毕业设计答辩。

⑦ 负责将本人（本组）毕业设计所有资料整理后交有关部门存档，并按照要求做好毕业设计成果展示工作；学生不得擅自把毕业设计成果或资料带离学校。

第二章

毕业设计流程

知识要点： 毕业设计是教学中综合性最强的实践性教学环节，学生将会体验到选题审批、开题分工、实施过程、完成定稿、答辩、总结展示等这样一个毕业设计过程，并且在毕业设计过程中不断提高综合能力。

学习建议： 在指导教师的指导下，学生利用所学的基础知识和基本技能，结合实际应用中的某一选题来进行分析、研究，进而制作出实物并且进行总结，为毕业后从事一线生产和技术开发工作打下良好基础。

第一节　毕业设计的选题与审批

选题，是从事科学研究和设计构想的第一步，而且是至关重要的一步。毕业设计是从选题开始的，如何选好课题，尽可能联系实际选准课题，可以说是做好毕业设计或撰写毕业设计说明书（论文）的一个关键性环节。

一、指导教师的选题原则

毕业设计课题一般由指导教师以本专业的教学计划、教学大纲等为依据，以突出本专业学生动手能力为原则，结合当前生产的需求，选出适合本专业学生的毕业设计课题。一般要求题目新颖，有一定生产价值，难度适合本层次毕业生，并应考虑学生的实际情况，达到资料收集、设计计算、绘图编程及制作实物等操作技能的综合训练效果。因此，选题时应考虑下列因素。

① 符合培养目标，完成基本训练。选题必须符合专业培养目标的教学要求，全面完成规定的基本训练。所选题目应充分考虑有利于培养学生的独立工作能力，有利于巩固、深化和扩大学生所学知识，有利于加强和弥补教学过程中的薄弱环节。

② 尽量结合实际，发挥能动作用。选题应尽可能结合生产、科研和实习、实验室建设的实际，这样有利于理论联系实际，有利于发挥学生的主动性和创造性，培养学生的事业心和责任感，培养学生的成就感。

③ 体现不同要求,强调协作完成实物。不论选择什么类型的课题,都应从学生的实际出发,对每个学生有不同要求,强调协作完成。课题分量和要求适当,使每个学生经过努力都能在规定的时间内完成。

二、学生的选题原则

学生在选题时可根据自身的具体情况来确定,例如根据自己的特点和特长、喜好和兴趣、工作意向、团队里同学的情况等因素综合考虑,选择适合自己的课题。学生选择课题一般应遵循以下一些原则。

1. 需要性原则

选题要根据实际,按需选题,这是选题的首要原则。毕业设计的课题应在毕业顶岗实习或高级职业资格证考核结束一个阶段以后选定。只有操作技能达到一定水平,对某一领域或某一问题有一定的认识和了解,对该实物目前情况有了理解并对实际工作有心得体会,才能初步选定课题。以后,随着资料的收集、知识的积累,课题也逐渐确定。

2. 可行性原则

要充分考虑现实可行性,选择有利于展开的课题。选题的主观条件包括个人的知识、技能、特长、爱好、身体状况等,客观条件包括技术发展程度、课题合作人员、实习设备、实习条件等,在选题时必须注意量题而为,量力而为,扬长避短。开始选择课题时,切勿贪大求全,超越自己的能力和水平。

3. 合理性原则

选题不但要面向实际,具有实用价值,考虑是否适应主、客观条件,是否切实可行,而且还要看课题本身是否合理,考虑课题的难易程度。涉足人少的领域新课题多,因而是易于突破的领域。职业学校学生应选择来自生产一线的课题,"真题真做",易于出成果,还能解决实际问题。

4. 主观兴趣和客观条件结合原则

选题要从自己有准备、感兴趣的问题出发,选择有兴趣的课题不仅会带来研究的热情和积极性,也能有较好的研究基础,并为毕业设计与论文写作的顺利完成提供支持。

5. 创新性原则

创新是科学研究的精髓,创新性课题表现在,用新方法解决新问题,用老方法解决新问题,用新方法解决老问题。在选题时要有自己的主见,走自己的路,勇于探索和创新,创新的特征是,具有新颖性、独特性、先进性,代表先进生产力和先进文化,能推动人类社会的进步,形成社会价值。

三、毕业设计选题与审批

1. 毕业设计的选题

进行毕业设计的时间一般安排在最后一个学年,时间为10~15周。毕业设计分组以及学生确定后,指导教师应及时组织学生确定设计题目,设计题目可由指导教师选定,也可由学生选定,或者师生一起研究确定。选题的内容一般包括设计目的、设计要求、调研与资料收集、实习设备、预计费用等。部分毕业设计选题如表2-1~表2-4所示。

表2-1 机电一体化专业毕业设计选题

选题一	减速器设计
设计目的	熟悉机械部件装配的工艺过程
设计要求	工艺要求:通过各种部件的装配,掌握机械中常用机构及有关部件的装配技术要求、装配调整工艺方法及装配检验工具的使用 实用性要求:装配调试后必须要达到以下试运转要求:①空载试运转:在额定转速下,正反向运转时间不得小于1h;②负荷试运转:在额定转速、额定负荷下进行,根据要求可单向或双向运转,时间不小于1h;③全部运转过程中,运转应平稳,无冲击,无异常振动和噪声,各密封处、接合处不得渗油、漏油;④负荷运转时,对于齿轮减速器,其油池温升不得超过35℃,轴承温升不得超过45℃;对于蜗杆减速器,其轴承温升不得超过60℃
选题二	专用工具或夹具的设计
设计目的	巩固和提高有关基本操作的技能、技巧在实际工作中的应用
设计要求	工艺要求:合理运用钳工的各项基本技能对专用工具或夹具制造中的各项精度进行正确测定检查,并能对产生的误差进行分析 实用性要求:① 保证加工零件的加工精度;② 夹紧作用准确、安全、可靠;③ 夹紧动作迅速,操作方便、省力;④ 结构简单、紧凑,并有足够的刚度

表2-2 电工与电子技术专业毕业设计选题

选题一	工厂供配电系统
设计目的	掌握供配电系统各环节的设计,提高学生解决线路施工方案的能力
设计要求	工艺要求:熟悉各种元件的选用和购买,正确画图、安装与接线 实用性要求:通过对工厂供配电系统的设计,进一步加深对电气线路各环节的认识,从计算、选件到方案实施的要求和注意事项,达到可以实际应用的要求
选题二	变频技术(恒压供水装置的设计、安装及运行)
设计目的	提高学生综合素质,培养学生分析问题、解决问题的能力
设计要求	工艺要求:熟悉PLC变频器的操作及安装,正确接线 实用性要求:根据不同时段的用水情况,自动调节供水装置的水压,达到恒压供水的目的

表 2-3　制冷与空调技术专业毕业设计选题

选题一	间冷式电冰箱电路板
设计目的	结合制冷实习教学需要,既能增加教学设备,又能提高学生对电路板的设计、布线及安装工艺的能力
设计要求	工艺要求:板面美观、布线合理、操作方便、实用性强 性能要求:按家用间冷式电冰箱电路控制原理及性能要求设计 实用性要求:学生可通过电路板来了解间冷式电冰箱的电路控制原理,可直接从电路板上分析间冷式电冰箱电路的故障现象、原因及排除方法,从而可减少制冷设备的投入和冰箱的损耗 可操作性要求:电冰箱电路中的任意故障可从电路板上设置 安全性要求:电路板上的接口要用端子、接线柱,线口不能裸露,电源设置漏电开关,做好安全保护
选题二	定量充注机
设计目的	设计本产品是为了加强学生对定量充注制冷剂的认识及维修中的使用,通过本产品的选材、构图及制作可大大提高高级班的设计及实际操作能力
设计要求	工艺要求:外形美观、布局合理、操作方便、实用性强 性能要求:可根据不同的机型设置不同的充注量,允许误差≤5g 实用性要求:在确定制冷量的前提下,本产品可对冰箱的空调充注制冷剂,且充注量准确,最适合批量生产的冰箱或空调 可操作性要求:阀门操作可采用手动或电动,可通过阀门任意调校充注量;操作阀设置在机体的正面,操作方便 本产品是利用制冷剂液体自重向下流动的原理来设计,对制冷剂不需要加热或加压,不存在因压力过高而爆炸危险,如采用手阀控制可不需要电源,安全性高

表 2-4　计算机应用专业毕业设计选题

选题一	学生成绩管理系统
设计目的	掌握数据库应用系统开发的全部过程,完成实用系统的开发
设计要求	用 VB 或 VFP 开发成绩管理系统,要求做到系统分析、系统设计、系统实现、系统测试全部步骤。毕业论文及应用系统符合用户要求,界面完美,功能实用
选题二	多媒体课件的设计与实施
设计目的	掌握多媒体课件的设计与实施
设计要求	通过运用所学的软件能制作突出声音、动画等的多媒体课件,并能在互联网上实现交互使用

2. 毕业设计选题的审批

　　毕业设计选题确定后,要提供《毕业设计选题与审批表》报学校各部门进行审批。《毕业设计选题与审批表》的具体内容包括班级、专业、学生姓名、选题名称、指导教师、设计安排、设计所需时间、设备、工具、材料、资金预算等。

审批意见包括系(专业部、教研组)意见、教务处意见、主管校领导审批意见等,各部门审批后签署审批意见和签名。《毕业设计选题与审批表》经过审批后,即下发给指导教师和学生,作为毕业设计的任务书来执行。《毕业设计选题与审批表》见附录A。

四、分析毕业设计任务书

对于学生来说,《毕业设计选题与审批表》经过审批下发后,也就是毕业设计任务已经下达后,首先要对整体的设计要求有充分的了解和掌握。应该对下达的毕业设计任务书进行详细、深入的分析,了解课题的名称、课题的来源、课题的设计任务、所提供的原始数据、所要求的技术指标等,以便协作、按时、高质量地完成设计任务。对毕业设计任务书可以按照以下步骤进行分析。

① 审题,即看清楚题目,弄清楚含意。

② 明确设计任务,如具体要求设计什么内容,要进行哪些计算,需绘制哪些工程图,图幅要多大,共有几张,需要编写哪些程序,对毕业设计(论文)有什么特殊要求,字数有无规定等。

③ 分析重点内容,包括本设计的主体部分是什么,重点设计内容是什么,难点在哪里。做了这些分析之后,就可以在相关部分投入较大力气,多学习有关知识,多收集有关资料,以便顺利完成任务。

④ 了解时间安排。毕业设计必须按时完成,任务书中对整个设计时间一般都做了分段安排。对时间安排要做到心中有数,制订出可行计划,保证按期完成各段时间的所有任务。

五、教学安排

1. 方案准备阶段

主要工作:各系、专业部制订所属专业的毕业设计的具体方案,明确课题、设计目的与要求,落实指导教师与具体操作时间等。

2. 教学准备阶段

主要工作:各指导教师必须做好具体课题的各项准备工作,包括准备教学资料,准备实习相关设备、工具和材料,预算费用等。

3. 教学工作阶段

主要工作:根据教务科的具体时间安排,在指定的时间内完成,并且进行答辩和成绩评定。

4. 总结阶段

主要工作:为了促进日后本项工作的开展,要进行毕业设计工作总结,并且举办毕业设计成果展示,展示内容包括学生设计的实物、工件、软件等,以及学生的毕业设计论文。

第二节　毕业设计的开题与分工

　　毕业设计任务下达后,还需要进行开题与分工。在开题前,要围绕课题收集有关的资料,查阅有关的文献及技术参数,收集有关的数据,并对要制作的实物进行调研等,以能对所设计课题的功能和性能有全面和深入的了解。由于毕业设计需要制作实物,工作量较大,必须进行分工协作,确定每个具体工作的负责人。

一、收集资料

　　毕业设计的课题选好后,正确选择与运用资料是设计成功的关键,处理收集来的大量素材,正确合理地组织和运用这些资料,应遵照三条原则:熟悉、取舍和提炼。

1. 熟悉资料

　　熟悉资料是进行毕业设计与论文写作的基础,是取舍和提炼的前提。阅读资料是熟悉资料的有效方式,可采用以下方法。

① 先读中文资料,后读外文资料。
② 先读综合资料,后读专题资料。
③ 先读近期资料,后读远期资料。
④ 先读文摘,后读全文。
⑤ 先粗读,后精读。
⑥ 先读已学过的知识,后读新知识。
⑦ 重要的资料,反复阅读思考;次要资料,一般浏览。

2. 取舍资料

　　经过阅读,熟悉和分析了资料后,明确哪些是重要的,哪些是次要的;哪些是有价值的,哪些是无价值的;哪些可以说明哪个问题,哪些可以证明哪个观点。把资料分析比较后,即可决定其取舍。

3. 提炼资料

　　提炼包括两方面:一是从取舍出来的资料中,提炼有用的且与本设计相关的定理、公式等佐证资料,使设计有一定的理论支持,这些内容可以写到自己的论文中,但是要注明来源;二是提炼毕业论文的关键词,本章第四节将做具体介绍。

二、开题与分工

1. 开题与分工的目的

职业学校的毕业设计作品往往是多人共同设计和加工制作出来的,开题与分工是学生毕业设计工作的重要环节,是实物制作的必要条件。开题与分工目的是为设计者提供可操作的设计程序与明确的工作职责。好的开题与分工意味着毕业设计成功了一半。

2. 开题与分工的内容

通过任务书下发和资料收集整理,学生对自己所要设计的内容有了一定的认识和了解。利用在常规实习、技能鉴定或顶岗实习期间已经掌握的有关资料和信息,学生应认真完成开题与分工的撰写。

学生依据任务书,按照要求进行分工,举全组之力进行资料的收集、协作加工与整理,编写符合要求的毕业设计说明书(论文),能综合运用科学的理论、知识和技能,进行必要的分析、组装、调试、解决设计问题,正确绘制有关图表,独立撰写并答辩。

毕业设计开题报告包括以下内容。

① 班级、专业、学号、姓名、指导教师姓名。
② 毕业设计题目。
③ 选题目的和意义。
④ 所使用的主要方法、依据或工具、设备。
⑤ 实施计划进度安排。并按规定每周在固定的时间、地点对学生进行检查、考核和指导。
⑥ 具体分工情况。
⑦ 指导教师意见。

以机械类设计为例,具体进度安排如表 2-5 所示,具体分工安排如表 2-6 所示。

表 2-5 毕业设计具体进度安排

阶 段	设计时间	本阶段计划完成的任务	该阶段已完成的任务 (由学生填写)	教师确认 (指导教师填写)	
				签字	完成日期
第一阶段	第一周	收集设计资料,进行方案设计等			
第二阶段	第二周	计算、设计,对零件进行工艺分析			
第三阶段	第四周前	绘制规范图样,选择加工方案,确定工艺路线,填写工艺卡片			
第四阶段	第七周前	编程、加工、检测、制作、安装、调试			
第五阶段	第十周前	修改、整理、装订说明书(论文)			
第六阶段	第十一周前	准备答辩			

表 2-6 毕业设计分工安排

序 号	姓 名	负责内容	备 注
1	张三	组长,负责统筹协调全组工作	
2	李四	收集资料,选择与购买材料	一起讨论研究
3	王五	绘制规范图样,制订加工工艺	一起讨论研究
4	(全组人员)	对零件进行工艺分析、加工、制作、安装、调试	独立撰写说明书(论文)

第三节 毕业设计的主要过程

毕业设计课题的技术设计是毕业设计的中心工作,需要完成设计方案的论证与选择、设计计算、布局及结构设计、各种实验及测试情况或专题论述等重要项目。由此可见,技术设计关系着毕业设计的成败,影响毕业设计的成绩。为了圆满完成技术设计工作,务必要注意下列几点。

① 抓住关键。毕业设计课题内容多,涉及面广,既需要基础理论、基本技能,也需要专门知识;既需要本专业的专门知识,也需要一些相关专业的专门知识,可以说是一个系统工程。这样的设计项目一般都有一个非常关键的问题,紧紧抓住关键,才能获得比较满意的结果。

② 掌握方法。方法正确,就可顺利完成设计,迅速得到结果;方法不对,就会走弯路,甚至会得出错误的结论。设计工作虽然庞杂,但有它的基本规律;设计计算虽然复杂,但有它的原则步骤。要了解这些规律,掌握这些步骤,并灵活地应用,在应用中加深理解。

一、工程学类毕业设计的主要过程

工程学类毕业设计主要包括以下过程。

1. 设计方案的论证

接受任务并做了大量相关的资料收集和调研后,首先要说明本设计的设计原理并提出设计方案。设计方案一般应提出多个,这些方案原则上都能满足设计要求,但应根据每个方案的特点对这些方案进行认真分析、比较,综合考虑,最后选出最佳方案。

2. 理论分析

理论分析包括各种实验及测试情况的分析,确定加工方法、计算方法、实验方法或手段等。

3. 设计计算

确定了最佳设计方案后,就可进行关键技术的设计计算了。设计计算占有相当重要的地位,应根据各零件的工作条件、给定的技术参数进行详细的设计计算,并根据计算结果选择元器件或零部件。

4. 结构设计

结构设计包括机械结构设计、各种电气控制线路设计及功能电路设计。

5. 工程图的绘制

对于以上各种设计的结果,除了用文字说明外,还必须用工程图表达,绘制总装配图、部件图、零件图及电路设计图等。绘制的工程图要符合规范,例如,机械制图要遵循中华人民共和国国家标准,没有国家标准的,要符合部颁标准或行业规范。

6. 制作前各种准备工作

① 由指导教师协助做好毕业设计(论文)的各项准备工作,包括准备教学资料、实习相关设备、工具和材料等;同时,要列出材料购置清单和做好费用预算,按时购置原材料以及零部件,要注意原材料、半成品和成品的运输和保存。

② 做好工艺及加工设备、工量具的准备,各种生产资料的准备以及生产组织。制作好机械加工工序卡片——用来具体指导工人操作的一种最详细的工艺文件,卡片上要画出工序简图,注明该工序的加工表面及应达到的尺寸精度和表面粗糙度要求、工件的安装方式、切削用量、工装设备等内容。在实际生产中,由于零部件的结构形状、几何精度、技术条件和生产数量等要求不同,一个零件往往要经过一定的加工过程才能将其由图样变成成品零件。

7. 制作实物

制作实物包括零部件的装配、检验、调试、油漆和包装等。制作过程中,要详细记录加工制作过程和有关数据、现象等,为撰写论文提供支持。

二、计算机科学(物流)类毕业设计的主要过程

计算机科学(物流)类毕业设计相当广泛,可以是用文字、图形、图像处理或多媒体(视频)等开发的应用程序,可以是与硬件系统结合开发的应用程序,如小型物流仓库系统。其主要过程如下。

① 收集、查阅和熟悉资料,对所开发软件现有技术状况、软件系统的优劣点进行详细的分析。

② 掌握设计的基本方法和软件性能评定标准,熟悉软件开发环境。常用软件有Photoshop、Flash、Visual C++、3ds Max、Corel DRAW、Linux、Power Builder、Delphi、Visual Basic、Perl、PHP、ASP、JSP(或Java Servlet)等。

③ 根据开发课题要求提出总体模块流程以及各子系统流程设计,包括对系统的总体结构、数据结构、控制结构、接口、界面、系统的输入/输出方式等方面进行设计,同时按系统的总体功能进行模块划分和模块设计,以明确模块设计的任务和要求。承担同一课题的学生可在此基础上进行明确分工,每个学生均要承担一定的设计工程量。

④ 根据开发课题要求对总体模块流程进行编程并调试通过。各个子模块功能设计完成后应该进行整个系统的调试,并在系统调试中不断修改和完善系统功能,最终达到设计目标。

第四节　毕业设计说明书(论文)的撰写

毕业设计的时间为10～15周,因此,一般围绕着毕业设计任务书要进行文献调研、技术部分设计、实物加工制作、设计说明书编写,以及进行毕业答辩。很明显,资料的收集、设计方案的选择、技术设计、实物加工制作等是编好设计说明书的前提,也可以说是编写毕业设计说明书(论文)的准备工作。毕业设计说明书(论文)的写作是在这些准备工作的基础上进行的。

毕业设计说明书(论文)是一种说明文体,作为毕业设计说明书(论文),特别强调反映学生调查研究、查阅文献和收集资料的能力,理论分析、制订设计方案的能力,设计计算和绘图的能力,技术经济分析和组织能力,以及创造性等。因此,它的写作特点是有序、有理、有据,符合规范。

一、毕业设计说明书(论文)的撰写格式

毕业设计说明书(论文)的内容一般由封面、扉页、摘要(前言)、目录、关键词、正文、结论、参考文献、致谢和附录等,每一部分又包括若干具体内容,有的内容可以根据不同类型的设计情况省略。

对于毕业设计说明书(论文),要求完备,内容正确,概念清楚,数据可靠,语句通顺,文字书写工整,图样(程序代码)齐全、整洁、符合规范。具体要求如下:

① 毕业设计说明书(论文)技术内容必须符合国家的科学技术政策,而且与现行的规程、规范不应抵触。

② 毕业设计说明书(论文)引用的技术资料必须确实可靠。

③ 毕业设计说明书(论文)的内容要求主题突出、层次分明、语句通顺,名词术语与描图、表格、公式等的用法要前后一致。

④ 毕业设计说明书(论文)要齐全,即摘要、正文、结论和附录四大部分要齐备。

毕业设计说明书(论文)的参考格式如表2-7所示。

表2-7　毕业设计说明书(论文)的参考格式

毕业设计 说明书(论文)	前导	封面
		扉页
		摘要(前言)
		关键词
		目录
	主体	正文(包括结论)
		图样、图片(一般另外装袋)
	结尾	参考文献
		致谢
		封底
	附录	附表、图片等相关资料
		相关文件

二、毕业设计说明书(论文)的撰写注意事项

1. 正确可靠

毕业设计说明书(论文)是一种技术性文件,不允许有差错,学生应注意培养这种严谨的工作作风,为此要特别注意下列几点。

① 资料可靠。设计资料是一切设计工作的基础,没有必要的设计资料,设计工作就难以进行。如果资料不可靠,则可能做出错误的决策,影响设计质量。因此,对收集的资料要进行整理、鉴别,设计中要引用正确的资料。

② 数据无误。计算所采用的公式必须有科学根据,计算的数据应精确到一定位数。有很多计算是需要验算、校核的,这些核算不可省略。

2. 说明准确

毕业设计说明书(论文)属于说明文,一定要用精练的文字,客观、准确地说明有关内容。例如,在叙述设计的目的和意义时,不讲假话、大话、空话;在介绍设计项目发展情况时,应尽量全面、客观。

毕业设计说明书(论文)的内容一般较多,务必要纲目清楚、层次分明、结论明确,让别人一目了然。毕业设计一般都要参考和继承前人的成果,在接受别人成果的基础上有所创新,有所改进。在编写毕业设计说明书(论文)时,对独到之处、有特色的地方,应作为重点加以阐述,对设计任务书中指定的设计目标或主体设备应详细说明。

3. 图表规范

毕业设计说明书(论文)中所列表格、所绘插图以及所附的工程图,都应符合规范,确切地表示出有关内容,并且其内容应和文字说明的内容一致。图表要按章编号,并与文字说明相呼应。

4. 尽量选用标准

技术标准是对工农业产品和工程建设质量、规格及检验方法等所做的规定,是生产、建设工作中必须共同遵循的技术依据或准则。目前,我国的技术标准分国家标准、部标准和企业标准三级。在设计中,首先选国家标准,若没有国家标准,则选部标准和企业标准。标准化是衡量设计水平的重要标志,故在设计中应尽量选用定型设备,在机械设计中应尽量选用标准的零部件,选用标准型号的型材。

三、毕业设计说明书(论文)撰写的具体内容

1. 封面

封面要求毕业设计题目简洁、确切、鲜明,其参考格式如图 2-1 所示。

为了更加突出封面,可以在封面左(右)上角加上学校 Logo,为毕业设计题目配一张学校或专业特色照片等的背景。

```
                    ××学校（院）毕业设计
                    毕业设计题目：×××

          学生姓名    _____

         （院）系名称  _____

          专业名称    （填写规范专业名称）

          班    级   ××级××班_____

          学    号   _____

          指导教师    _____
```

图 2-1　毕业设计说明书（论文）封面格式

2. 摘要

摘要是对毕业设计说明书（论文）的内容不加注释和评论的简述，摘要应具有独立性和自明性，即不阅读毕业设计说明书（论文）的全文就能获得有关论文的必要信息。

（1）摘要的概念和作用

摘要又称内容提要，是以提供文献内容梗概为目的，不加评论和补充解释，简明、确切地记述文献重要内容的短文。其基本要素包括研究目的、方法、结果和结论，具体地说就是研究工作的主要对象和范围，采用的手段和方法，得出的结果和结论。

摘要的主要作用有以下两个方面。

① 让读者尽快了解论文的主要内容。

② 为文献检索数据库的建设和维护提供方便。

摘要不列举例证，不讲研究过程，不用图表等。摘要的文字一般以 200～300 字为宜，最多不超过 500 字。摘要字数可与总篇幅大小形成比例，一般字数不宜超过论文总字数的 5%。例如，一篇 6000 字左右的论文，摘要一般不超出 300 字。

（2）摘要的写作要求

撰写论文摘要的常见问题，一是照搬论文正文中的小标题（目录）或论文结论部分的文字；二是内容不凝练、不概括，文字篇幅过长；三是进行自我评价，加进一些不适当的评语。摘要的写作有以下几方面的要求。

① 摘要一般不分段，切忌以条列式书写法。陈述要客观，对研究过程、方法和成果等不宜做主观评价，也不宜与别人的研究做对比说明。

② 结构严谨，表达简明，语义确切。摘要先写什么，后写什么，要按逻辑顺序来安排。句子之间要上下连贯，互相呼应。摘要慎用长句，句型应力求简单。摘要的每句话要表意明白，无空泛、笼统、含混之词。

③ 用第三人称，不使用"本文"、"我们"、"我"或"作者"等作为主语。

④ 要使用规范化的名词术语，不用非公知、公用的符号和术语；一般不用数学公式和化学结构式，不出现插图、表格。

⑤ 论文一般应有摘要，置于正文前；摘要一般在论文完稿后再撰写。

⑥ 毕业设计说明书（论文）写作时应注意的其他事项，如采用法定计量单位，正确使用语言和标点符号、缩略语等，也同样适用于摘要的编写。

3. 关键词

（1）关键词的意义

关键词是用于表达文献主题内容。关键词从论文中选取出来，是表示全文主要内容信息的单词或术语。

关键词是能够说明论文中心内容的、具有实际意义的规范词语、词组。一般情况下，一篇论文的关键词应为3～5个，最多不能超过8个。

（2）关键词的选择

关键词的选择应按 GB/T 3860—2009《文献主题标引规则》的原则和方法，参照各种词表和工具书选取。未被词表收录的新学科、新技术中的重要术语以及文章标题的人名、地名也可作为关键词标出（自由词）。

关键词的选择，不是在论文写作之前就进行，而是在论文写作完成后再去挑选。选词的依据有三点：一是重要的词语；二是有代表性的词语；三是文中高频率出现的词语。也就是说，综合包括标题在内的全文整体，来确定能体现论文核心的词语。

关键词的位置在摘要的内容下面，"关键词"冒号后接着是所选关键词。为避免界限不清，词语之间用分号隔开。如出现英文字母，英文字母应该大写。

4. 目录

目录即毕业设计说明书（论文）各章节的顺序列表。毕业设计说明书（论文）应写出目录，标明页码，便于阅读和掌握毕业设计说明书（论文）的主要内容。目录层次要求一般不多于三级。目录写法可以参考普通教材的目录。

5. 正文

正文是用文字表述的毕业设计说明书（论文）的主要内容。因此，要求这一部分内容充实，主题明确。

（1）正文的内容

职业学校毕业设计说明书（论文）是为了向读者介绍获得成果的手段和途径，也是作者从事毕业设计工作的思想方法、技术路线和创造能力的具体反映。

这部分应包括以下内容：

① 介绍毕业设计用的材料，包括材料的来源、产地，材料的制备、加工方法，材料的性质、特性，材料的代号、命名等。

② 介绍制作的设备、装置和仪器，包括它们的名称、型号、精度、纯度、生产厂家、性能和特点等。使用的设备和仪器不是标准设备时，必须注明，并对其测试精度做出检验和标定。如果是自己研制的设备或对已有设备做了改进，应着重说明，讲清设计的理论根据，并画出原理图或构造示意图。

③ 介绍制作的方法和过程,包括创造性的观察方法、观察结果、结果的运算处理方法和公式、制作过程中出现问题的处理方法、加工操作应注意的问题、观察结果记录的方法和使用的符号等。

④ 适当把"讨论"内容写入正文中。"讨论"是对加工制作方法和结果进行的综合分析和研究。在实物加工制作前,全组成员应该对加工制作进行讨论。只有通过讨论,才能获得对结果的规律性认识,并借以指导一般,因此"讨论"部分体现着论文写作的基本目的。加工制作结果与经过讨论后所获得的认识或结论不同,前者是具体的现象,而后者是理论升华;前者是感性认识,而后者是理性认识。

上述内容,是撰写一篇实物加工型论文所应包括的项目。具体到某一实物制作时,并非要一一列出,写作原则是要提供给读者进行该实物制作时所必需的信息。在这个原则下,力求简单明了,一些常见的使用材料,可不介绍或只介绍规格和型号;一些尽人皆知的方法可略去;材料很多、设备复杂、加工方法抽象时可用图表来简化说明。"结果"是制作过程所观测到的现象和数据,它是实物制作型论文的核心内容。一篇实物制作型论文只要报道的"结果"真实无误,读者可以自己去分析讨论。论文评审老师阅读这类论文的正文时,首先关注的是"结果",其道理就在这里。

(2) 正文写作要求

实物制作型论文的正文部分包括制作的产品,制作过程所观测到的现象,设备仪器记录的图像和数据,以及对上述现象、数据进行初步统计和加工后的有关资料等。

这部分的写作有以下几个要求。

① 要准确、精细。有时观测结果的微小变化都可能导致不同的结论。

② 论文中写的结果不是加工制作结果的照抄,要经过认真的处理和选择。

③ 加工制作结果要按一定的逻辑顺序编排,这样做不仅能使论文条理清楚,增强可读性,而且体现着论文的科学性。在很多论文中,"结果"排列的顺序本身就明显地反映出一定规律。

④ 要尽量通过图表表达。"结果"部分要罗列大量数字和资料,采用单纯叙述的方法,往往使人感到枯燥、厌烦,复杂的资料也很难叙述清楚,采用图表说明则可获得满意的效果。使用图表时要注意,凡是图表已清楚表明的问题,不要再用语言文字重复详述,只需做扼要归纳,"结果"有时与"方法"合为一个部分,这是因为"方法"部分比较复杂,篇幅较长,而"结果"却相对简单,没有必要独立为一个部分。

6. 结论

结论又称结语、结束语,是毕业设计说明书(论文)的总结部分。

结论是一篇论文要旨的简明扼要的提示,要与论文开头相照应,有些需要补充说明的相关问题也可以在这一部分中体现。

结论是全文的综合与概括,总结与提高。结论中一般应对本设计做出评价,包括技术经济分析;说明设计情况及其价值;分析其特点,有何创新,性能达到何水平;指出本设计还存在的问题和今后改进的思路,特别是还要指出设计中遇到的重要问题。

结论的形式也是多种多样的,常见的有以下几种。

① 综合全篇,概括正文中的分析内容,突出中心论点。往往用"综上所述"引起下文,通过综合概括,使读者对全文的要点和结论产生更鲜明而深刻的印象,论文的中心论点也得到了有力的揭示。

② 指出具体做法和注意事项。

③ 表示信心,提出希望和号召。

值得注意的是,结论不能写成致谢,结论不是发表感慨的部分。要写好结论,必须注意避免两点:一是草草收兵,不了了之;二是画蛇添足,拖泥带水。好的结论,或者总结全文,突出论点;或者照应前文,严密周到;或者余味无穷,发人深省;或者戛然而止,干净利落。

7. 参考文献

(1) 参考文献的作用

参考文献是指在编写过程中曾摘录或参考的重要资料目录。对于一篇论文或一本说明书、一部专著,文后著录参考文献是不可缺少的。参考文献中列出的文献应限于作者直接阅读过的、发表在正式出版物上的文献。参考文献务必著录清楚,以便准确查寻。参考文献有以下作用。

① 反映作者的态度。现代人的研究工作都是对前人的研究工作的继承和发展,文后列出所阅读的与论著内容有关的参考文献,不仅表现了对他人成果的尊重,也反映出作者严谨的科学态度。

② 反映论著的水平。引用过去的参考文献,表明本论文或说明书言之有据,不仅可以反映其真实性、科学性,而且还可以反映其起点、深度与广度。

③ 有利于节省论文篇幅。论文中涉及参考文献所载的内容,都不必详述,只要注明出处即可,这不仅节省了篇幅,而且还反映出本论文的新观点、新内容、新成果、新结论。

④ 有利于他人研究。读者通过著录的参考文献,可以方便查阅有关资料,进一步了解有关情况。科技情报人员通过著录的参考文献,可以方便地进行文献计量学等的研究。

(2) 参考文献的有关要求

① 公开发表的文献可以著录,未公开发表的资料不可著录;保密文件、内部消息以及不能公开发表的资料等,均不可著录。

② 在亲自阅读过的文献中,精选出在论著中直接引用的、主要的、最新的文献著录,对一般的众所周知的内容、陈旧的资料等则不著录。

③ 参考文献的著录一定要简单、清楚、准确。著录项目、内容和格式要符合 2005 年制定的国家标准《文后参考文献著录规则》(GB/T 7714—2005)的规范。

(3) 参考文献著录的格式

常见的参考文献著录格式有多种,毕业设计说明书(论文)的著录格式举例如下。

① 引用专著(普通图书),标志代码[M],例如:

[1] 赵增敏.ASP.NET 网站开发案例教程[M].北京:电子工业出版社,2006.

[2] 胡广书.数字信号处理[M].北京：清华大学出版社,1997.

[3] 王家桢,王俊杰.传感器与变送器[M].北京：清华大学出版社,1996.

② 引用期刊,标志代码[J],例如：

[1] 苏云,潘丰,肖应旺.基于组态王与PLC的远程控制系统[J].工业仪表与自动化装置,2004(2)：53-55.

[2] 金文,杜鹃.空调制冷故障考核仿真实训系统的设计与应用[J].西安航空技术高等专科学校学报.2006：6-7.

③ 其他文献标志代码：会议记录标志代码[C],学位论文标志代码[D],专利标志代码[P],汇编标志代码[G],报纸标志代码[N],数据库标志代码[DB],计算机程序标志代码[CP],联机网络标志代码[OL],引用方法与上述相同。

8. 致谢

毕业设计说明书（论文）往往不是独自一人可以完成的,还需要各方面的人力、财力、物力的支持和帮助。因此,在许多毕业设计说明书（论文）的末尾都列有"致谢",主要对毕业设计完成期间得到的帮助表示感谢。"致谢"是对毕业设计的完成做出过贡献的组织或个人表示感谢的文字记载,这是学术界谦逊和有礼貌的一种表现,即向指导教师,向曾经支持和协助自己完成课题研究工作的教师、技术人员,以及合作成员等表示谢意。语言要诚恳、恰当、简短,并且要确信所有要感谢的那些人都同意这种致谢形式,最好事先征得他们的同意。

9. 附录

附录是作为毕业设计说明书（论文）的补充部分,并不是必需的。

（1）可以作为附录的内容

① 能体现毕业设计说明书（论文）的完整性,但不便编入正文却对了解正文内容具有重要的补充意义的材料,包括比正文更为详细的信息研究方法和技术的叙述。

② 由于篇幅过大或取材于复制品而不便编入正文的材料。

③ 某些重要的原始数据、数学推导、计算程序、注释、框图、统计表、打印机输出样片、结构图样或图片等。

（2）附录中的有关格式

毕业设计说明书（论文）的附录编号依次为"附录1"、"附录2"、"附录3"或"附录A"、"附录B"、"附录C"等。如果只有一个附录,也应编为"附录1"或"附录A"。

附录中的图、表命名规范也采用前面提到的图、表命名规范,只不过将章的序号换成附录的序号。

10. 字体格式要求

论文没有统一的字体格式要求。职业学校毕业设计说明书（论文）的字体参考格式如表2-8所示。

表 2-8　毕业设计说明书(论文)的字体参考格式

内　　容	字　　体	字　　号	行　　距	备　　注
"摘要"	黑体	小二号	单倍行距	居中
摘要内容	宋体	小四号	单倍行距	普通文档格式
"关键词"	黑体	小四号	单倍行距	普通文档格式
关键词内容	宋体	小四号	单倍行距	词语之间用分号隔开
"目录"	黑体	小二号	单倍行距	居中
目录(章)字体	黑体	小四号	单倍行距	居中
目录(节)字体	宋体	小四号	单倍行距	居中
"正文"	黑体	小二号	单倍行距	居中
正文(章)字体	黑体	小二号	单倍行距	居中
正文(节)字体	黑体	小三号	单倍行距	居中
正文内容	宋体	小四号	单倍行距	普通文档格式
"结论"	黑体	小二号	单倍行距	居中
结论内容	宋体	小四号	单倍行距	普通文档格式
"参考文献"	黑体	小二号	单倍行距	居中
参考文献内容	宋体	小四号	单倍行距	普通文档格式
"致谢"	黑体	小二号	单倍行距	居中
致谢内容	宋体	小四号	单倍行距	普通文档格式
"附录"	黑体	小二号	单倍行距	左对齐
附录内容	宋体	小四号	单倍行距	普通文档格式

其他一些要求如下。

① 纸型：A4 纸(297mm×210mm)。

② 页边距：天头(上)20mm，地角(下)15mm；装订口(左)20mm，翻口(右)15mm。

③ 设计相关的封面，装订上交。

总的来说，论文打印出来后应整齐、段落层次分明、字体格式规范；也可以按照学校或指导教师的要求进行规范或统一要求，包括设置页眉、页脚的文字内容等。

注：本书的论文实例，由于篇幅和印刷原因，没有按照上述字体格式要求进行排版印刷，特此说明。

第三章

毕业设计答辩和考核评定

知识要点：职业学校的毕业设计以制作实物为主，采取集中旁听、互动讨论等方式进行答辩，以进一步推敲、深化毕业论文，达到共同进步的目的。答辩也包括认真总结、交流、成果展示等内容。答辩使毕业设计工作有一个良好的结尾，也是学生进一步提高学用结合的新起点。

学习建议：毕业设计答辩是一件严肃而庄重的事情，要认真对待，做好准备，圆满地完成这最后一个环节。学生在规定时间内的陈述要切中要害，教师应根据毕业设计与论文的内容及学生陈述情况提出有针对性的问题。

第一节 毕业设计答辩意义

毕业设计答辩是整个教学过程中的关键环节，是对毕业设计说明书（论文）、实物制作质量及学生应答问题能力的综合考查，是考核学生知识与能力综合水平的主要教学环节。

毕业设计答辩具有以下三方面的意义。

① 毕业设计答辩锻炼了学生的语言表达能力、组织能力、应变能力、实际加工制作能力、基本理论与专业知识的综合运用能力，进一步培养学生综合表达及相互交流的能力。

② 毕业设计答辩使学生全面回顾、认真总结、客观鉴定自己的毕业设计与论文，进一步学习、巩固、提高基本理论知识和专业技能。

③ 毕业设计答辩是学生向参加答辩的老师学习、请教的好机会。

第二节 毕业设计答辩前的准备

毕业设计答辩是一种有组织、有领导、有计划、有分工、有鉴定、有总结，严肃而有序地审查学生毕业设计与论文水平及知识掌握程度的重要形式。毕业设计答辩工作要在答辩委员会统一指导下，师生均需认真有序地完成。做好答辩前的准备工作是基础。此环节的关键是指导教师写好评语，并指导学生应对答辩。答辩前学生要认真编写答辩提纲，调整心态，满怀信心地迎接答辩，这是顺利完成答辩的条件。专家和指导教师对毕业设计与论文的认真评阅是保证。

一、毕业设计答辩委员会的设立

通常由系组成毕业设计答辩委员会,该委员会负责整个答辩过程。委员会设主任1人,副主任1~2人,委员3~5人。答辩委员会的成员,主要由本专业的骨干教师,企业的工程师、经济师等组成。答辩委员会成员中必须有2/3以上的人员具有中级以上职称。

根据参加答辩学生人数的多少,可设若干个答辩小组,答辩小组负责对学生进行答辩考评。每个答辩小组应有答辩教师3~5人;答辩小组设组长1人,负责组织答辩考评,组长应由答辩委员会中具有高级职称的委员担任;答辩小组应设书记员1人,负责答辩记录和成绩汇总。指导教师可以参加毕业答辩小组,但不能任答辩小组组长。

二、学生准备工作

毕业设计答辩是一项严肃的学术活动,是对毕业设计与论文的综合检验和总结。学生在毕业设计答辩前,主要做好以下几方面的准备工作。

① 应把论文修改完善,设计好封面,打印、装订好论文;向指导教师提交毕业设计说明书(论文)纸质文件和电子文档,提交设计成果(包括设计实物、设计文档或软件)。

② 仔细了解有关答辩的程序和要求,弄清答辩时间、地点及分组情况。

③ 整理好已经制作加工好的实物,准备好陈述过程中所需要的插图、表格、幻灯片、投影仪及仪器设备等。

④ 提炼陈述提纲,认真编写答辩大纲。

⑤ 同学相互间进行试讲。

三、指导教师准备工作

指导教师对指导的学生进行综合评价,针对学生在毕业设计工作中的表现、实践能力、工作态度、学习态度、团结协作精神等做出评价,同时对学生的毕业设计说明书(论文)进行评阅,提出是否批准答辩的意见。

四、答辩委员会准备工作

参加答辩的评委要提前对学生毕业设计说明书(论文)进行评阅,记录毕业设计中存在的具体问题,包括图表、数据、实物等,以便对学生在答辩时有的放矢地提问;公布答辩程序、答辩要求、答辩时间及地点、分组情况、答辩人员顺序;制作评委提问记录表格,制定评分标准;布置会场,准备现场所需计算机及投影仪等设备的准备工作。

第三节　毕业设计答辩过程

毕业设计答辩是检查学生毕业设计质量的一场"口试"。通过这一形式，有助于学生进一步总结设计过程，提高其应变能力及自信心，为真正走上社会打下坚实的基础。答辩老师要积极引导学生总结在设计过程中积累起来的经验，分析设计效果，找出不足以及改进方法，帮助学生把实践转化成自己的知识和技能。

一、答辩程序

① 各小组长抽签决定答辩次序，答辩小组组长宣布学生答辩顺序和课题名称。
② 由答辩委员会重申答辩要求，强调答辩纪律并宣布答辩开始。
③ 学生依答辩顺序逐一进行，由毕业设计组组长演示毕业设计成果。答辩学生携带毕业设计与论文提要、答辩提纲及主要参考资料，简明扼要、突出重点地对所完成课题进行陈述。学生陈述时间一般为 10～15min。
④ 学生陈述之后，评委们根据所阅毕业设计与论文及学生陈述情况提出问题。
⑤ 学生对老师提出的问题进行陈述。提问及学生回答问题的时间一般为 5～10min。
⑥ 学生答辩之后，宣布学生退场(可旁听)，下一位同学进行答辩。

二、答辩内容

答辩开始，学生向答辩委员会(或小组)做简要陈述，其内容主要包括以下几方面。
① 自我简介。简单明了地介绍自己的姓名、专业、班级，为答辩做一个有礼貌的开篇。进行自我介绍时，态度应热情友好、彬彬有礼、文雅得体。
② 简述设计内容。简述经过精心准备的答辩简要报告，包括选题的背景和意义；重点阐述在加工制作过程中的主要工作及加工制作的关键所在，解决问题的对策和论据，特色和结论。简述设计内容的目的在于使老师对毕业设计有一个简要而全面的印象，实际上也反映了自己对毕业设计课题的理解和把握程度。
③ 简明自评。用简明的语言做自我评价，包括研究课题有何价值，认识有什么提高，对自己的设计有何心得、有何不足等。
④ 把握时间。答辩人要很好地把握时间，充分利用给定的时间把问题回答圆满。回答既不能过于冗长，超过规定时间；也不要过于短促，词不达意，使人不知所云。

答辩老师一般会提出怎样的问题也是同学们关心的重点。答辩人做完介绍之后，老师会针对毕业设计的内容提出 2～3 个问题。提问一般会限于毕业设计所涉及的学术范围内，例如加工制作、程序编写过程中的问题等。这些问题往往是毕业设计的重要部分或是没有注意到的薄弱环节和不足之处。也就是说，老师提出的大体是能够真实衡量学生知识水平和论文水平的关键问题,具体包括以下几个方面。

① 考查论文是否是学生本人所作,检查学生在实物加工制作过程中的工作情况,并考查答辩人对毕业设计的理解、掌握情况及具体设计思路。

② 引导学生对设计中的创造性工作及新见解作进一步阐述和发挥,指出学生未认识到的重要发现及专业发展前景。

③ 询问设计中存在的错误、含糊、未详细展开之处,以及学生本人未认识到的重要发现或工作。指出不清楚、不详细、不完备、不规范、不确切或不适当之处,启发学生寻找正确的设计思路和设计方法,修正不足,明确方向。

④ 提出有关毕业设计的问题,如工作原理,方案设计与比较,与课题相关的基础理论及专业知识,加工制作、安装和调试中出现的现象,分析问题和解决问题的具体措施与办法等。主要考查学生对基础理论、基本知识和专业技能的掌握程度,对生产工艺的了解程度,运用知识去解决问题的综合水平,以及测定学生的思维能力、应变能力、学习能力、发现问题及解决问题的综合能力、口头表达能力等。

⑤ 请学生进行自我评价并谈谈今后继续开展此项工作的打算。

⑥ 帮助学生总结、掌握和提高工程设计和论文写作的技巧与方法,引导学生对设计课题或有关内容做进一步的探索、思考和拓展;使学生认识到应从哪些方面发挥自己的优势和特点,以便确定和选择今后的专业主攻方向。

三、答辩方法与技巧

指导教师还应针对如何应对答辩及答辩技巧对学生进行指导,使学生在思想上对答辩重视起来,从而使得答辩恰当,进而取得好成绩。

1. 听明题意,把握题旨,紧扣要害

通常由答辩老师提出 2～3 个问题,学生要集中注意力认真听题,可将问题略记在纸上,切勿紧张。在听明并领会题意的基础上,经过仔细推敲找出问题的关键、要害和本质,在头脑里勾画出回答问题的脉络,切忌在没有弄清题意之前就匆忙作答。如果学生对所提问题没有听清楚,可以请老师再说一遍;如果对问题中某个概念不大理解,也可以请老师做些解释或说明,等候老师答复后再作回答。

2. 先易后难,条理分明,切中主题

对答辩老师提出的 2～3 个问题可不按提问的顺序回答,可遵循先易后难的原则。如果容易的问题回答好了,紧张的心理就会放松,增强了回答问题的信心,从而更有利于在后面几个问题的回答中发挥出正常水平。回答问题时,一要条理清楚,脉络清晰,层次分明;二要切中主题,突出重点,简明扼要;三要力求客观,全面准确,留有余地;四要文明礼貌,谈吐大方,语速适中。

3. 坦诚直言,失者莫辩,善于进退

对答辩老师提出的问题,知道多少就回答多少,实事求是,切莫含糊其辞;对不知道的问题不要张冠李戴、东拉西扯、漫无边际地回答,更不要对答错的问题强词夺理地争辩。

如果确实是自己没有搞清楚的问题,就如实地讲明自己还没有搞清楚,并表示今后一定要认真研究这个问题。学会进退,善于进退,也是今后工作中需要遵循的原则。

4. 巧妙应对,谦虚大胆,求同存异

对答辩老师提出的问题,在回答时要表现出既谦虚又大胆,首先要给老师一个好的印象。对有些问题一时不好直接回答,可迂回应答,巧妙应对。对个别问题有些异议可采取两种方式:一是不在会上讨论,求同存异,等到会后找老师交谈,充分利用有限的答辩时间,在这个舞台上尽情展示自己的才华;二是为自己的观点辩护。不过,与老师辩论时要注意分寸,讲究策略,可以采用委婉的语言、请教的口气,平和地陈述自己的观点,让提问老师既接受你的观点,又觉得受到了尊重。

四、答辩其他事宜

1. 学生陈述时需要注意的问题

① 参加答辩的学生要求着装整洁,调整心态,稳定情绪,面对答辩老师进行陈述。陈述内容最好用 PowerPoint 制作幻灯片,用普通话进行设计内容阐述和回答问题,语速适中。

② 简述课题的题目、目的、要求,设计与论文方案的主要特点,分析和计算的主要依据及结论(工程类题目),该设计与论文的使用价值和意义,设计过程中的体会、收获和存在的不足、改进方向等。

③ 把握时间。要在规定的时间内完成陈述内容。要求重点突出,能切实反映自己在设计中完成的工作,回答问题要求表述简洁,用语规范。

2. 教师在提问时应注意的问题

① 每位教师都已评阅过学生毕业设计论文,并记录了问题,也归纳出了应提的问题。因此,教师最好有分工,哪几个学生由哪位老师提问,即确定主考老师。这样既能保证提问质量,又能保证答辩进度。

② 提问难易程度应视具体情况和课题类型而定,原则上不宜过深过偏,使学生过分紧张,反而达不到答辩的目的。通常把一个大问题分解为几个小问题,采取逐步深入的提问方法,能更好地检测出学生掌握基础知识和专业技能的情况。

③ 答辩过程中允许对基础较差的学生进行启发和诱导,使答辩成为推敲、深化、完善毕业设计的一次机会和使学生再学习、再提高的过程。当学生回答不确切、不全面,或者暂时回答不出来时,可以采用启发式、引导式的提问方法。

④ 评委应在答辩过程中对每个学生的答辩情况做好记录,作为评议毕业设计成绩的依据。

⑤ 答辩小组长要注意答辩提问的时间,控制一个学生从陈述到评委提问答辩的总时间一般不超过 30min。

第四节　毕业设计成绩评定

毕业设计成绩由平时成绩、中期考核成绩、论文成绩、作品评审成绩和答辩成绩五部分组成，各部分成绩的比例为 1∶2∶2∶2∶3。

1. 平时成绩

平时成绩指导教师针对学生在毕业设计工作中的表现、实践能力、工作态度、学习态度、团结协作精神等评定的成绩。

2. 中期考核成绩

中期考核成绩指由各专业部、教学系、教务处等负责组织安排中期考核，根据学生的毕业设计进展情况评定的成绩。对未达到进度要求的学生要提出指导要求并给予警告。

3. 论文成绩

论文成绩指由答辩小组老师根据论文的质量评定的成绩，包括论文的正确性、完整性、条理性、论述性、通顺性、技术用语要求等，还包括图样、表格、附录等的正确性、完整性及其质量情况。

4. 作品评审成绩

对工程学类的毕业设计，要考虑设计的创新性、结构合理性与工艺性，以及作品制作的功能实现、制作精度等方面的因素，由答辩老师对作品进行评分。

对计算机科学（物流）类作品，要考虑作品设计创意的新颖性、构思独特性和艺术价值或应用价值，作品制作的技术性（展示效果和水平）、美观性以及应用效果或文化内涵，设计文件的正确性、完整性和图样质量等方面的因素，由答辩老师对作品进行评分。

5. 答辩成绩

由答辩小组老师根据学生对作品的讲解与答辩进行评分。

毕业论文与答辩成绩评定表如表 3-1 所示。

表 3-1　毕业论文与答辩成绩评定表

姓名		班级		学号		
专业			毕业时间			
毕业设计题目						
项　　目	优秀	良好	中等	及格	不及格	评分
论文成绩	100～90 分	89～80 分	79～70 分	69～60 分	59 分及以下	
作品评审成绩	100～90 分	89～80 分	79～70 分	69～60 分	59 分及以下	
答辩成绩	100～90 分	89～80 分	79～70 分	69～60 分	59 分及以下	
答辩小组老师评定总分 （论文成绩×20％＋作品评审成绩×20％＋答辩成绩×30％）						
学生签名：				教师签名：		

毕业论文与答辩评定说明如下。

① 获"优秀"的要求：毕业设计（论文）的全过程表现积极主动、认真、遵守纪律。能按期圆满完成任务书规定的任务；能熟练综合运用所学理论和专业知识；立论正确，分析计算正确，结论合理；独立工作能力较强，科学作风严谨；设计（论文）有自己的独到见解，水平较高；说明书（论文）条理清楚，论述充分，语句通顺，符合技术用语要求，文字书写工整；设计图样完备、整洁、正确；产品有创新和实用性；答辩时，思路清晰，论点正确，回答问题正确流畅，有理论根据，基本概念清楚，对主要问题回答正确、深入。

② 获"良好"的要求：毕业设计（论文）的全过程表现比较主动、认真、遵守纪律。能按期圆满完成任务书规定的任务；能熟练综合运用所学理论和专业知识；立论正确，计算、分析、实验正确，结论合理；有一定的独立工作能力，科学作风良好；设计（论文）有一定水平，产品有一定的创新和实用性；说明书（论文）条理清楚，论述正确，语句通顺，符合技术用语要求，文字书写工整；设计图样完备、整洁、正确；答辩时，思路清晰，论点基本正确，能正确回答主要问题。

③ 获"中等"的要求：毕业设计（论文）的全过程表现较好，能按期圆满完成任务书规定的任务；在运用所学理论和专业知识上基本正确，但有欠缺和不足；立论正确，计算、分析、实验基本正确；有一定的独立工作能力；设计（论文）水平一般；说明书（论文）语句通顺，但有个别错误或表达不清楚之处，文字书写不够工整；设计图样完备，基本正确，但有部分错误；产品缺少创新性和实用性；答辩时，主要问题回答基本正确，但分析不够深入。

④ 获"及格"的要求：毕业设计（论文）的全过程表现一般，能遵守纪律；在指导教师指导帮助下，能按期完成任务，独立工作能力较差；运用所学理论和专业知识时无原则性错误；立论基本成立，计算、分析、实验基本正确；设计（论文）达到基本要求；说明书（论文）语句通顺，但叙述不够恰当和清晰，文字书写不够工整；设计结构欠佳，设计图样质量不高，有个别明显错误；产品无创新，但是有较少的实用性；答辩时，主要问题能回答，但问题回答肤浅。

⑤ 被评为"不及格"的规定：未按期完成任务书规定的任务，在运用所学理论和专业知识时出现不应有的原则性错误；独立工作能力较差；设计（论文）未达到最基本的要求，设计有明显缺陷；说明书（论文）条理不清晰，质量很差；设计图样不全，有原则性错误；产品无创新，产品无实用性；答辩时，阐述不清楚设计（论文）的主要内容，基本概念模糊，对主要问题回答错误或未能回答。

毕业设计成绩 100～90 分为优秀，89～80 分为良好，79～70 分为中等，69～60 分为及格，低于 60 分为不及格。毕业设计成绩不及格者不能毕业，并且至少半年后才能重新申请答辩。对答辩成绩有疑义的学生可以在得到成绩之后三天内向系答辩委员会提出申诉。要严格控制成绩优秀的人数比例，一般应不高于 20%。

第五节 毕业设计的总结与成果展示

毕业设计与论文答辩结束后，答辩小组的成员应集中对毕业答辩阶段的工作进行讨论、总结。对于毕业设计与论文成绩不理想的学生，班主任要做好思想工作，使他们轻装参加工作;因成绩是综合评定,学生可能产生看法,班主任也要及时了解情况,做深入细致的思想工作。

指导教师应写出指导体会、指导工作汇报小结,还可以请成绩优秀的学生进行经验交流,促进日后该项工作的开展,做好毕业设计成果展示的准备工作。

一、展示内容与要求

毕业设计成果展示(图3-1)的内容与要求主要包括以下内容。

图3-1 毕业设计成果展现场

① 毕业设计的计划与方案。
② 毕业设计实施过程中的具体安排与做法,指导教师的指导计划,论文评审、答辩评分等。
③ 毕业设计的成果(包括实物、软件、论文和论文答辩效果等)。
④ 每一个项目做好展示牌,标明班别、项目名称、设计人员和指导教师。
⑤ 每一个项目至少安排一名指导教师与一名学生参加并进行讲解。

二、制作展示海报

制作好宣传海报,展示前一周张贴。海报内容包括展示目的、展示时间和地点、展示项目、展示内容等。邀请广大教师与学生参观指导,指引相关专业学生参观学习,为其以后的毕业设计做准备。展示项目表如表3-2所示。相关展示海报、展示现场情况等请参见本书配套光盘。

表 3-2 展示项目表

序 号	专 业	班 别	设计项目	指导教师	班主任
1					
2					
3					

三、展示工作安排

① 学校教务处(研究所)负责场地设计、宣传画设计,各项工作的汇总、统筹;学生处、总务处、保卫处等协助各展位的布置、现场管理与摄影等工作。

② 各系(专业部)负责各自展位的具体布置与介绍项目的立项、设计、准备与实施等工作。

③ 后勤部门做好后勤保障工作,包括场地布置、电源安装、设备搬运、餐饮配送等工作。

第二部分

案例介绍

第二部分

案例介绍

第四章

工程学类毕业设计实例

知识要点：本章所介绍的工程学类毕业设计包括：普通机械加工工艺与设备设计、数控模具类产品研究与制作、机械与电工合一的产品设计等。职业学校学生应该能够设计出相关制作图样，根据中等复杂程度的图样要求，制作出符合规定的作品。

学习建议：毕业设计指导教师可根据所提供的相关专业大类的毕业设计与论文，有选择地向学生推荐，指导和启发学生有针对性地参考。学生应首先掌握本专业设计特点，重点参考提供案例的选题和制作特点，在此基础上开阔视野，打开思路，以确定自己的毕业设计题目和收集信息的范围，注意突出自己的特色，避免雷同。

实例一 电控四自由度机械手的设计制作

摘 要

工业机械手和机器人，作为20世纪人类最伟大发明之一，是机电一体化的结晶，是工业自动化的旗帜，已广泛应用于机械制造业，代替人工完成大批量、高质量要求的工作，已成为制造业中不可缺少的装备。

本设计从机械手设计方案开始，确定了机械手的规格及技术参数，确定了选用的电器元件，对相关结构进行设计计算，把设计理念转化为工程图样，再加工成机械零件，然后装配成一台完整机器，并且说明了机械手的操作步骤。

关键词：机械手；自由度；电控

正 文

一、关于电控四自由度机械手

工业机械手和机器人已广泛应用于汽车、摩托车、舰船、某些家电产品、化工等行业自动化生产线中的点焊、弧焊、喷漆、切割、电子装配及物流系统的搬运、包装、码垛等方面。

机械手主要的功能:在特定的范围内实现物品的传送、搬运。

二、电控四自由度机械手设计方案

传动是机械手设计的重要部分,也是最关键的地方。常用的传动方式有带传动、链传动、齿轮齿条传动、螺旋传动、液压传动和气压传动。螺旋传动的效率较低;带传动、链传动只能实现不同轴之间周向运动传递;液压传动和气压传动外购件较多,成本较高,影响在制造教学中的使用效果,故该设计方案中选择齿轮齿条传动。

1. 机械手的规格及技术参数

机械手的规格及技术参数如表 4-1 所示。

表 4-1　机械手的规格及技术参数

序号	项目	规格
1	工作电源	220V/50Hz
2	电动机输入总功率	62W
3	整机重量	60kg
4	外形尺寸	470mm×900mm×1600mm
5	工作范围	ϕ280mm×280mm
6	搬运最大重量	1.5kg
7	搬运物品最长外形尺寸	100mm
8	机械手径向移动速度	2mm/s
9	机械手高度方向移动速度	3mm/s
10	机械手主轴转动角速度	13°/s

2. 机械手的构造及性能分析

本机械手主要由机械传动系统和电动(电源动力、控制限位)系统两大部分组成。其通过电缆连接,可实现远程控制,具有操作灵活、安全可靠、结构紧凑等特点。机械手的外形如图 4-1 所示。

(1) 机械传动系统

机械传动系统从设计上来说,选用了与电动机连体安装的齿轮减速箱、齿轮齿条传动箱,这样既可保证传动过程的高效率,又可使结构更加紧凑美观。

(2) 电动系统

电动系统从设计上选用了带互锁功能的点动控制回路,按下按钮,电动机动作;松开按钮,电动机停止。有功能要求的电动机,均配置了电磁制动装置,可有效地防止惯性动作。其控制面板外形和电路控制原理图如图 4-2 和图 4-3 所示。

第四章 工程学类毕业设计实例

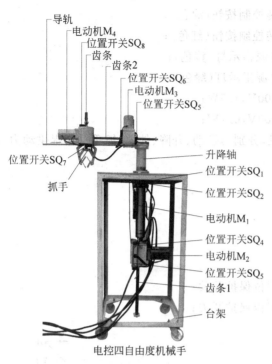

图 4-1 电控四自由度机械手外形

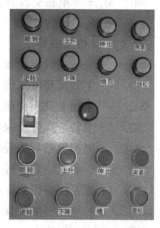

图 4-2 控制面板外形

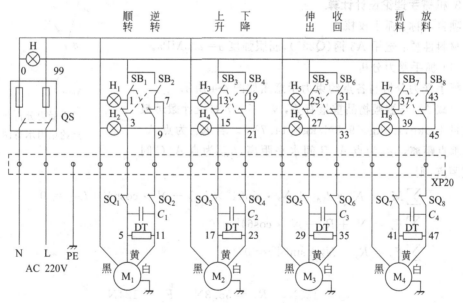

图 4-3 电路控制原理图

电路控制原理图说明如下：

QS——带短路漏电保护单相电源开关；

SB_1、SB_3、SB_5、SB_7——电动机正转控制按钮(绿色);

SB_2、SB_4、SB_6、SB_8——电动机反转控制按钮(红色);

H_1、H_3、H_5、H_7——电动机正转电源指示灯(黄色);

H_2、H_4、H_6、H_8——电动机反转电源指示灯(绿色);

C_1、C_2——电动机启动电容,AC 400V,1.5W;

C_3、C_4——电动机启动电容,AC 400V,0.7W;

$M_1 \sim M_4$——单相交流异步电动机,分别为摆动、升降、伸缩、抓手动作提供动力;M_1、M_2 为 25W,M_3、M_4 为 6W;

XP20——位接线排;

SQ_1——主轴正转限位保护开关;

SQ_2——主轴反转限位保护开关;

SQ_3——主轴上升限位保护开关;

SQ_4——主轴下降限位保护开关;

SQ_5——电动机沿导轨径向伸出限位保护开关;

SQ_6——电动机沿导轨径向收缩限位保护开关;

SQ_7——抓手抓料限位保护开关;

SQ_8——抓手放料限位保护开关;

DT——制动线圈。

3. 机械手理论设计计算

项目名称:抓手校核。

材料性质:选用 A3 钢(Q235),屈服强度 $\sigma = 235 \text{MPa}$。

(1) 抓手受力分析

抓手受力分析与各点约束力示意图如图 4-4 所示。

负载 N_1 与被搬物品重量有关,$N_1 = 14.7\text{N}$(设计搬运最大重量 1.5kg,1.5kg × 9.8N/kg = 14.7N)。若 l_{VAB} 为点 A、B 间垂直距离,l_{HAB} 为点 A、B 间水平距离,l_{VAC} 为点 A、C 间垂直距离,则

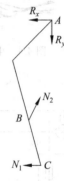

图 4-4 抓手受力分析与各点约束力示意图

$$\sum M_A = N_1 \times l_{VAC} + N_2 \cdot \sin 64° \times l_{HAB} - N_2 \cdot \cos 64° \cdot l_{VAB} = 0$$

$$\sum F_x = N_1 + R_x - N_2 \cdot \cos 64° = 0$$

$$\sum F_y = R_y - N_2 \cdot \sin 64° = 0$$

解得

$$N_2 = 138\text{N}, \quad R_x = 35.3\text{N}, \quad R_y = 124\text{N}$$

(2) 确定危险截面

作各截面受力图,确定危险截面,按力的作用效果作力的分解,如图 4-5 所示。

R_{xs}、R_{xb} 为 R_x 的两个垂直分力,R_{yb}、R_{ys} 为 R_y 的两个垂直分力,N_{2b}、N_{2s} 为 N_2 的两个垂直分力,N_{1s}、N_{1b} 为 N_1 的两个垂直分力。则

$$R_{xs} = R_x \cdot \sin 45° = 25(\text{N})$$
$$R_{xb} = R_x \cdot \cos 45° = 25(\text{N})$$
$$R_{ys} = R_y \cdot \sin 45° = 87.7(\text{N})$$
$$R_{yb} = R_y \cdot \cos 45° = 87.7(\text{N})$$
$$N_{2s} = N_2 \cdot \sin 40° = 87.7(\text{N})$$
$$N_{2b} = N_2 \cdot \cos 40° = 105.7(\text{N})$$
$$N_{1s} = N_1 \cdot \sin 75° = 14.2(\text{N})$$
$$N_{1b} = N_1 \cdot \cos 75° = 3.8(\text{N})$$
$$14.2 \times 30(\text{力臂长度}) = 426(\text{N} \cdot \text{mm})$$
$$3.8 + 105.7 = 109.5(\text{N})$$
$$25 + 87.7 = 112.7(\text{N})$$

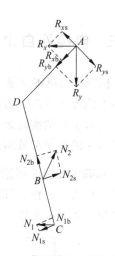

图 4-5 截面受力分析示意图

作抓手的弯矩图,如图 4-6 所示;作抓手的轴力图,如图 4-7 所示,故 C 面为危险截面。

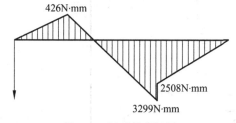

图 4-6 抓手的弯矩图

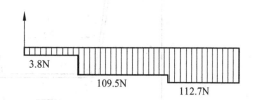

图 4-7 抓手的轴力图

(3) 计算危险截面内应力

已知抓手截面 $b=3\text{mm}$,$h=15\text{mm}$,则截面面积 $A=45\text{mm}^2$。

计算抓手抗弯截面模量

$$W = \frac{bh^2}{6} = \frac{3 \times 15^2}{6} = 112.5(\text{mm}^3)$$

计算 C 截面左侧应力

$$|\sigma_{左}| = \left|\frac{N_{左}}{A} + \frac{M_{左}}{W}\right| = \left|\frac{109.5}{45} + \frac{3299}{112.5}\right| = 31.8(\text{N/mm}^2)$$
$$= 31.8 \text{MPa}$$

计算 C 截面右侧应力

$$|\sigma_{右}| = \left|\frac{N_{右}}{A} + \frac{M_{右}}{W}\right| = \left|\frac{112.7}{45} + \frac{2508}{112.5}\right| = 24.8(\text{N/mm}^2)$$
$$= 24.8(\text{MPa})$$

(4) 设计结果

考虑到机械手在工作中会产生轻微振动,故取安全系数 $s=1.5$,则

$$\sigma = |\sigma_{\max}| \cdot s = |\sigma_{左}| \cdot s = 31.8 \times 1.5 = 47.7(\text{MPa})$$

所以,$\sigma < [\sigma]$ 抓手能完成工作任务,设计合理。

三、电控四自由度机械手的基本功能与制作安装

1. 机械手的基本功能

本系统能实现四个自由度——四个独立的运动:主轴的垂直升降运动(手臂抬高和放下运动);主轴的旋转运动(手臂左右摆动运动);抓料手的水平往复运动(手臂伸缩运动);抓料手的抓料和放料运动(手掌抓料和放料运动)。

2. 机械手零部件的制作与安装

电动机支架制作,其图样如图 4-8 所示。

说明:由于篇幅原因,其他零部件的安装图样请参见本书配套光盘。

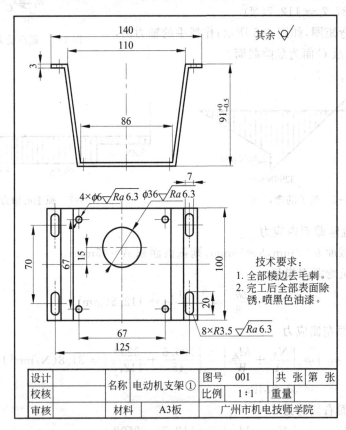

图 4-8 电动机支架

3. 机械手的电路安装

本系统为了便于运输,分拆成电动箱与机械本体两部分,在使用之前,应先用附带电缆连接起来。

打开电动箱,把如图 4-9 所示电缆线接头安装到如图 4-10 所示的 XP20 位接线排上。

图 4-9　电缆线接头

图 4-10　XP20 位接线排

把本设备插头插在 220V 电源插座上,打开控制面板,把电动箱内部总开关拨至"ON"处,如图 4-11 所示,控制面板的红色指示灯亮起,设备通电。反之,总开关拨至"OFF"处,控制面板红色指示灯熄灭,设备断电。

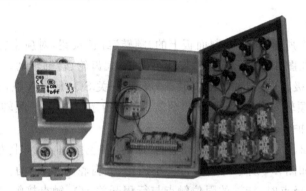

图 4-11　电动箱内部结构

四、电控四自由度机械手的工作原理

1. 主轴的升降

主轴的上升:如图 4-2 所示,按下控制面板上的"上升"红色按钮,对应上方"上升"黄色指示灯亮;如图 4-1 所示,电动机 M_2 正转,带动齿条 1、主轴往上移动。

如图 4-1 所示,当齿条 1、主轴移到最高点时,齿条 1 底端的限位触点与行程开关 SQ_3 触点接触,如图 4-12 所示,上升电路断开,齿条 1、主轴上升动作立即停止,"上升"黄色指示灯熄灭,"上升"红色按钮失效。SQ_3 起上升限位保护作用。

主轴的下降:如图 4-2 所示,按下控制面板上的"下降"绿色按钮,对应上方"下降"绿色指示灯亮;如图 4-1 所示,电动机 M_2 反转,带动齿条下降,主轴在自重作用下下降。

当齿条 1、主轴移到最低点时,主轴底端限位触点与行程开关 SQ_4 触点接触,如图 4-13 所示,下降电路断开,齿条 1、主轴下降动作立即停止,"下降"绿色指示灯熄灭,"下降"绿色按钮失效。SQ_4 起下降限位保护作用。

主轴最高点与最低点距离为 280mm。在上升或者下降的动作中,可以随时切换到另一种动作。

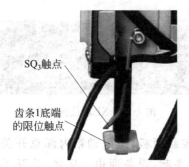

图 4-12 主轴的上升

图 4-13 主轴的下降

2. 主轴的旋转

顺转：如图 4-2 所示，按下控制面板上的"顺转"红色按钮，对应上方"顺转"黄色指示灯亮，电动机 M_1（如图 4-1 所示）正转，带动小齿轮、大齿轮、转轴转动。

当转轴顺转至极点时，转轴的限位触点与行程开关 SQ_1 触点接触，如图 4-14 所示，顺转电路断开，转轴顺转动作立即停止，"顺转"黄色指示灯熄灭，"顺转"红色按钮失效。SQ_1 起顺转限位保护作用。

逆转：如图 4-2 所示，按下控制面板上的"逆转"红色按钮，对应上方"逆转"黄色指示灯亮，电动机 M_1（如图 4-1 所示）逆转，带动小齿轮、大齿轮、转轴转动。

当转轴逆转至极点时，转轴的限位触点与行程开关 SQ_2 触点接触，如图 4-14 所示，逆转电路断开，转轴逆转动作立即停止，"逆转"黄色指示灯熄灭，"逆转"红色按钮失效。SQ_2 起逆转限位保护作用。

顺转极点与逆转极点相差 330°。在顺转或者逆转的动作中，可以随时切换到另一种动作。

3. 抓手的水平往复运动（伸缩运动）

伸出：如图 4-2 所示，按下控制面板上的"伸出"红色按钮，对应上方"伸出"黄色指示灯亮，电动机 M_3（如图 4-1 所示）正转，带动齿条 2、抓手电动机 M_4 沿导轨径向伸出。

当抓手电动机 M_4（如图 4-1 所示）沿导轨径向伸出至极点时，齿条 2 底端的限位触点与行程开关 SQ_5 触点接触，如图 4-15 所示，伸出电路断开，齿条 2 径向伸出动作立即停止，"伸出"黄色指示灯熄灭，"伸出"红色按钮失效。SQ_5 起径向伸出限位保护作用。

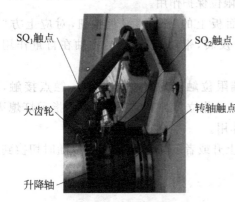

图 4-14 主轴旋转

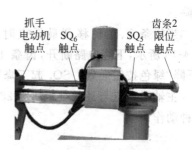

图 4-15 主轴伸缩运动

缩回：如图4-2所示，按下控制面板上的"缩回"红色按钮，对应上方"缩回"黄色指示灯亮，电动机M_3（如图4-1所示）反转，带动齿条2、抓手电动机M_4沿导轨径向收缩。

当抓手电动机M_4（如图4-1所示）沿导轨径向收缩至极点时，抓手电动机限位触点与行程开关SQ_6触点接触，如图4-15所示，缩回电路断开，齿条2径向收缩动作立即停止，"缩回"黄色指示灯熄灭，"缩回"红色按钮失效。SQ_6起径向收缩限位保护作用。

抓手电动机M_4沿导轨径向收缩极点距离伸出极点为280mm。在径向收缩或者伸出的动作中，可以随时切换到另一种动作。

4. 抓手的抓料和放料运动

抓料：如图4-2所示，按下控制面板上的"抓料"红色按钮，对应上方"抓料"黄色指示灯亮，抓料电动机M_4（如图4-1所示）正转，带动齿条3往上移动，抓手抓料。

当齿条3移到最高点时，齿条3底端的限位触点与行程开关SQ_7触点接触，如图4-16所示，抓料电路断开，齿条3往上移动，抓手抓料动作立即停止，"抓料"黄色指示灯熄灭，"抓料"红色按钮失效。SQ_7起抓料限位保护作用。

放料：如图4-2所示，按下控制面板上的"放料"红色按钮，对应上方"放料"黄色指示灯亮，抓料电动机M_4（如图4-1所示）反转，带动齿条3往下移动，抓手放料。

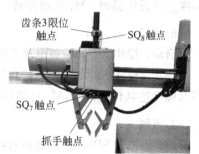

图4-16 抓料和放料运动

当齿条3移到最低点时，齿条3上端的限位触点与行程开关SQ_8触点接触，如图4-16所示，放料电路断开，齿条3往下移动，抓手放料动作立即停止，"放料"黄色指示灯熄灭，"放料"红色按钮失效。SQ_8起放料限位保护作用。

在抓料或者放料的动作中，可以随时切换到另一种动作。

五、电控四自由度机械手的操作步骤

如图4-3所示的电路控制原理图，按住相关按钮，可以实现下述操作。

1. 顺转

启动：按住SB_1，M_1得电连续顺转，顺转指示灯H_1同时发亮。

停止：松开SB_1，M_1失电停止顺转，顺转指示灯H_1同时熄灭；当旋转角度达到设定值时，M_1自动停转。

2. 逆转

启动：按住SB_2，M_1得电连续逆转，逆转指示灯H_2同时发亮。

停止：松开SB_2，M_1失电停止逆转，制动线圈DT起效，同时逆转指示灯H_2熄灭；当旋转角度达到设定值时，M_1自动停转。

3. 上升

启动：按住 SB_3，M_2 得电连续上升，上升指示灯 H_3 同时发亮。

停止：松开 SB_3，M_2 失电停止上升，上升指示灯 H_3 熄灭，制动线圈 DT 失效；当上升幅度达到设定值时，M_2 自动停转。

4. 下降

启动：按住 SB_4，M_2 得电连续下降，下降指示灯 H_4 同时发亮。

停止：松开 SB_4，M_2 失电停止下降，下降指示灯 H_4 熄灭，制动线圈 DT 起效；当下降幅度达到设定值时，M_2 自动停转。

5. 伸出

启动：按住 SB_5，M_3 得电连续伸出，伸出指示灯 H_5 同时发亮。

停止：松开 SB_5，M_3 失电停止伸出，伸出指示灯 H_5 熄灭，制动线圈 DT 起效；当伸出幅度达到设定值时，M_3 自动停转。

6. 缩回

启动：按住 SB_6，M_3 得电连续缩回，缩回指示灯 H_6 同时发亮。

停止：松开 SB_6，M_3 失电停止缩回，同时缩回指示灯 H_6 熄灭，制动线圈 DT 起效；当缩回幅度达到设定值时，M_3 自动停转。

7. 抓料

启动：按住 SB_7，M_4 得电进行抓料动作，抓料指示灯 H_7 同时发亮。

停止：松开 SB_7，M_4 失电停止抓料，同时抓料指示灯 H_7 熄灭，制动线圈 DT 起效；当抓料动作幅度达到设定值时，M_4 自动停转。

8. 放料

启动：按住 SB_8，M_4 得电进行放料动作，放料指示灯 H_8 同时发亮。

停止：松开 SB_8，M_4 失电停止放料动作，同时放料指示灯 H_8 熄灭，制动线圈 DT 失效；当放料动作幅度达到设定值时，M_4 自动停止。

六、结 论

本作品既可以展现机械传动和电气控制的原理和应用，又可以作为多自由度机械手和起重设备（例如建筑工地的塔吊）的实物模型。

① 本系统旨在用最典型的方法及常用的机械传动机构，在设定的空间内实现物品的搬运转移。

② 机械手的控制充分体现了操作的直观性、简洁性和便利性，采用点动控制，眼见即所得。

③ 在机构运动中，两个或两个以上不同自由度的动作可实现联动，提高了工作效率。

④ 零件结构简单，加工方式没有特定的要求，绝大多数都可以由钳工直接加工出来，加工成本低，维护方便。

⑤ 在设计时尽量选用标准件、通用件,既充分体现了机械、电器零部件的标准化、通用化原则在机电工程领域中的重要性和优越性,又体现了现代化、社会化生产的快捷性和便利性,更降低了制造成本,缩短了生产周期,也便于在机电一体化专业教学中使用。

七、参考文献

[1] 钱可强.机械制图.4版.北京:中国劳动社会保障出版社,2001.
[2] 郑志祥.机械零件.2版.北京:高等教育出版社,2000.
[3] 劳动和社会保障部教材办公室.车工工艺学.北京:中国劳动社会保障出版社,1997.
[4] 王兴民.钳工工艺学.北京:中国劳动社会保障出版社,1996.
[5] 邓文英.金属工艺学(下册).4版.北京:高等教育出版社,2000.
[6] 冯开平,左宗义.画法几何与机械制图.广州:华南理工大学出版社,2002.
[7] 孙训方,方孝淑,关来泰.材料力学(Ⅰ).4版.北京:高等教育出版社,2002.
注:限于篇幅,以后各实例的"参考文献"内容从略。

八、致谢

在毕业设计过程中,我们在郭英明、张志雄、赖圣君、陈耀新等老师的指导下设计并制作了电控四自由度机械手。指导老师们严谨的治学态度,严于律己、宽以待人的做人风范,是我们终身学习的榜样;指导老师们活跃的学术风气、学术观点与坦诚也深深地感染了我们,使我们获得了很多的启发;同时,指导老师们一直给予我们悉心的指导与帮助,他们丰富的理论知识和实际工作经验,以及对待学术问题的科学态度令我们钦佩,在此向他们表示由衷的感谢。

本组同学团结合作,在合作中,我们都取得了很大的进步。在进行机械手机械结构设计过程当中,舍友和我们也一起研究探讨,在此也向他们表示感谢。

最后,对所有支持、帮助、关心和理解过我们的领导、师长、同学、亲人和朋友们致以诚挚的谢意。

注:限于篇幅,以后各实例的"致谢"内容从略。

九、附录

原所附的相关设计图样等请参见本书配套光盘。

注:以后各实例的"附录"内容也请参见本书配套光盘,不再说明;对于一些因涉及专利等原因的内容恕不便提供,敬请谅解。

作品点评

电控四自由度机械手是机电一体化专业(偏机械方向)学生在机电一体化应用领域的一次独立尝试,学生将所学到知识、技能进行实践、检验,重点突出了机械制造教育的特点,用最简单的方法与机构实现四个自由度、八个动作的运动与控制,包括机械手垂直方向的上升与下降、水平面内的正转与逆转、径向伸出与收缩、抓手的抓料与放料,每个自由度的运动互不干涉,可使两个或两个以上不同自由度的动作实现联动,在圆柱空间内实现物品的搬移,具有较高的工作效率。

在作品加工上,以钳工为主,其他加工方式为辅,加工成本低,便于制造与维护;在控制上,采用点动控制,可实现远程控制,具有操作灵活、安全可靠等特点;便于在机电一体化专业教学中应用。

本作品既可以展现机械传动和电气控制的原理和应用,又可以作为多自由度机械手和起重设备的实物模型。电控箱与机构本体采用分置的形式,便于运输,其控制信号的传送可用附带的电缆线实现。

机械和电气这两个相对独立的专业,在工程领域中,是如何互相依赖、互相促进、相得益彰的,通过这件作品,学生有了一个更加明确和具体的感性认识。

实例二 全自动智能人行道的设计制作

摘　要

自动扶梯(自动人行道)在酒店、商场、地铁、火车站、写字楼、机场等场所应用较多,在方便顾客和提高服务质量等方面起到了相当重要的作用。按目前的有关技术标准,自动扶梯(自动人行道)的工作繁忙程度可以分为普通型和公共交通型两种。最典型、最常见的公共交通型自动扶梯(自动人行道)是设置于地铁站内的出站上行智能人行道。我们对这种扶梯进行实地测试结果表明,每当地铁到站后,蜂拥的人流在智能人行道上持续的时间大约为45s,如果按每3min一班地铁计算,智能人行道的"负载持续率"也仅为25%左右,其余时间都是在空载或很低的负载下运行。公共交通型自动扶梯(自动人行道)尚且如此,其余普通型自动扶梯(自动人行道)的情况就更不必说了。同时因为自动扶梯(自动人行道)经常处于空转的状态,这样在浪费了大量电能的同时,也使机械部件(如电机、减速箱、扶手带等)产生不必要的磨损及疲劳损伤,大大降低了自动扶梯(自动人行道)的使用寿命。因此,对自动扶梯(自动人行道)采取节能措施是非常必要的。基于此,我们引入了超声波检测开关作为运行感应开关,它的安装将使自动扶梯(自动人行道)在无人状态时停止运行,当检测到有乘客出现时,自动启动,进入运行状态,达到节能的功能。所以我们可以肯定地说,把超声波开关引入到自动扶梯、自动人行道中,必将掀起一场电梯业的节能风暴。

关键词:自动扶梯;自动人行道;PLC;超声波检测开关;节能

正　文

一、运行原理

　　自动扶梯(自动人行道)在空载状态下的运转是一种对能源的极大浪费。因此,我们设想,如果能让自动扶梯(自动人行道)在自动检测到空载状态一段时间后,令自动扶梯(自动人行道)由全速运转减速至半速运转直至停止运转,这样来实现节省电能,将是一件利国利民的好事。据测算,节约电能达 30%～50%。当有乘客踏上自动扶梯(自动人行道)前盖板时,可通过设置在入口处的超声波检测开关自动感知乘客的到来,进入运转状态。

　　现在的自动扶梯(自动人行道),最常用的节能方法是"△—Y"切换节能法。这种方法是采用星形与三角形接法转换启动,但是这种方法也有不足之处,因为星形接法由于转矩只有三角形接法的 1/3,所以星形接法转速较慢,而且两者之间有 2～3s 的转换时间,在乘客上梯后由于星形与三角形接法的转换会产生一个冲击,使扶梯的乘用舒适感恶化,甚至酿成事故。

　　当前自动扶梯(自动人行道)的控制系统有三种:继电器控制系统、PLC 控制系统和微单片机控制系统。由于继电器控制系统噪声大、维修不便、控制方式落后等,已逐渐被淘汰。微单片机控制系统虽然在智能化方面有很大的发展,但由于微单片机控制系统的开发时间长、程序改动困难、抗干扰能力差等问题而限制了其应用。而 PLC 控制系统有着可靠性高、稳定性好、维护检修方便等显著优点,PLC 控制的智能人行道正好迎合了人们的心态,与市场需求紧密相连,其开发前景已被大大看好。基于此,我们制作了由超声波检测开关控制的全自动智能人行道,它有着以下特点。

　　① 可靠性高,稳定性好。一般 PLC 允许的输入信号阈值比通常的微控制器大得多,且与外部电路都经过光电隔离,抗干扰能力较强。如一般的 PLC 能承受峰值 1000V、脉宽 1s 的矩形脉冲的尖峰干扰,并有多种保护功能,一旦出现故障,能使智能人行道迅速停止。

　　② 编程简单,使用方便。目前 PLC 普遍采用继电器控制形式的"梯形图"编程方式,极易为电气、自动控制的技术人员所接受。

　　③ 维护检修方便。PLC 产品具有完善的监视诊断功能,如有醒目的内工作状态、通信状态、I/O 状态和异常状态等显示;各个控制环节可以用故障代码表示,这样可以大大降低故障的平均修复时间;有的 PLC 采用智能型 I/O 模块后,还可以把外部故障判断和检测功能从 CPU 中分开,从而提高外部故障检测功能。

　　④ 故障率低。由于智能人行道处于节能运行时速度很低,所以机械部分的磨损大大降低,这就极大地降低了智能人行道的故障几率,延长了智能人行道的使用寿命。

⑤ 无人乘梯时,智能人行道自动停止;有人乘梯时,智能人行道立即自动平稳过渡到额定速度运行。

⑥ PLC 的采用大大降低了自动人行道启动时对电网的冲击。

⑦ 节能环保。据测算,节能效果非常明显,可降低能耗近 35%。

⑧ 在设计上首次将超声波检测装置引入到自动扶梯(自动人行道)中来,领先行业设计。

⑨ 独创的运行张紧装置,使自动扶梯(自动人行道)运行更加平稳。

⑩ 新颖的自动扶梯(自动人行道)报站装置。采用高性能微型处理器为控制核心的 CPU 结构,接线简单,报站准确,音量可独立调整,适用性强,语音清晰,抗干扰能力强,工作性能可靠,可时刻为乘客的安全保驾护航。

一般来说,自动扶梯(自动人行道)的空载时间往往大于载客时间。在超声波检测开关检测到自动扶梯(自动人行道)空载运行一定时间后,发出指令使其降速运行,当有乘客踏上其前盖板时,自动扶梯(自动人行道)可通过设置在前盖板入口处的超声波检测开关自动感知乘客的到来,开始加速运转。在无乘客时,PLC 经过延时指令,系统自动转入蠕动状态运行,以达到节能的目的;有乘客时,超声波检测开关发出信号,自动扶梯(自动人行道)以额定速度运行;当全部乘客离开自动扶梯(自动人行道)后,自动扶梯(自动人行道)经过一段延时又自动进入低速运行的待客状态。这样可节省电能,减少机械磨损,从而延长使用寿命。

自动扶梯(自动人行道)的节能方式原理图如图 4-17 所示。

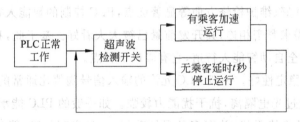

图 4-17 自动扶梯(自动人行道)的节能方式原理图

启动自动扶梯(自动人行道)后,PLC 不断检测超声波检测开关的电脉冲信号的输入,以判断是否有乘客需要乘坐自动扶梯(自动人行道)来控制其进行正常速度运行或低速运行。在自动扶梯(自动人行道)正常速度运行期间,如再无信号则系统延时 t 秒(乘客自一端至另一端)后自动转入低速运行。同时,PLC 在系统上电后始终采样过载报警信号 OLW、变频器异常报警信号 FB、马达飞轮转速信号等,以结合程序设计对系统进行保护。另外,系统也可通过手动转换开关进行节能和原工作方式的切换,提高了系统的可靠性,增强了冗余度。

二、超声波检测开关

超声波检测开关的外形如图 4-18 所示。

1. 超声波检测开关的工作原理

超声波检测开关具有发射和接收声波的功能。如图 4-19 所示,在自动扶梯(自动人行道)的入口,装一个超声波检测开关,从而利用超声波检测开关发射的超声波,照射在人体上,并且接收人体反射回来的声波,就可以在自动扶梯(自动人行道)的入口探测到乘客,从而发出一个信号,由自动扶梯(自动人行道)的执行机构提供一个运行命令。在有乘客乘坐时,自动扶梯(自动人行道)以额定速度运行;当无乘客乘坐时,自动扶梯(自动人行道)减速或停止运行。

图 4-18 超声波检测开关的外形

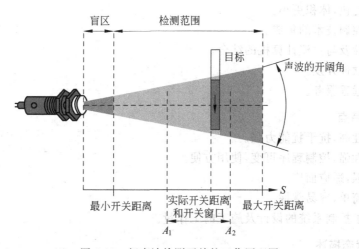

图 4-19 超声波检测开关的工作原理图

2. 超声波检测开关的优点

为什么选用超声波检测开关而不选用其他传感器呢,这是因为超声波检测开关与其他传感器相比具有以下优点。

① 抗电磁及射频干扰,具有更小的盲区和更远的检测距离,并且其大范围的操作温度及内置温度补偿电路,使其可应用于各种恶劣的工业现场环境。

② 固定区域超声波检测,只对距离敏感,能可靠探测区域内各种颜色(包括黑色)的物体,同时屏蔽区域外物体,避免误判断。

③ 使用寿命长,与同类产品相比,寿命可超出近 1/2。

三、PLC（可编程逻辑控制器）

PLC 的外形如图 4-20 所示。

图 4-20　PLC 的外形

PLC 不仅具有逻辑运算、计时、计数、顺序控制等功能，还具有数字和模拟量的输入/输出、功率驱动、通信、人机对话、自检、记录显示等功能。伴随着微电子技术、控制技术与信息技术的不断发展，可编程控制器也在不断地发展。可编程控制器的发展趋势主要体现在以下几个方面。

① 速度更快，体积更小。
② 工业控制技术的集成。
③ 开放性及与主流计算机的结合。
④ 仿真软件开发。
⑤ 实现远程服务。

1. PLC 的特点

① 可靠性高，抗干扰能力强。
② 通用性强，控制程序可变，使用方便。
③ 功能强，适应面广。
④ 编程简单，容易掌握。
⑤ 减少了控制系统的设计及施工的工作量。

2. 运行状态描述

运行时间可通过 PLC 程序进行设置，具体时间根据自动扶梯（自动人行道）的提升高度和运行速度而定。通过控制自动扶梯（自动人行道）运行的速度，当自动扶梯（自动人行道）上有乘客时，自动扶梯（自动人行道）以高速运行（额定速度）；当超声波检测装置在一段时间内没有检测到乘客通过时，自动扶梯（自动人行道）开始减速并停止运转，此时自动扶梯（自动人行道）一直处于待机运行中，即为非自启动节能。

四、总体设计方案

根据设计方案，确定需要的零部件，绘制图样，并进行合理分工。
产品制作流程图如图 4-21 所示，零件加工现场图如图 4-22 所示。
各零部件的名称与实物图如图 4-23 所示。

图 4-21　产品制作流程图

(a) 数控加工

(b) 钳工加工

(c) 零件加工检测

(d) 零件加工中

图 4-22　零件加工现场图

(a) 传送带(100mm×800mm)

(b) L形支架

(c) 直流电动机(DC 120V)

(d) 带驱动轴的电动机

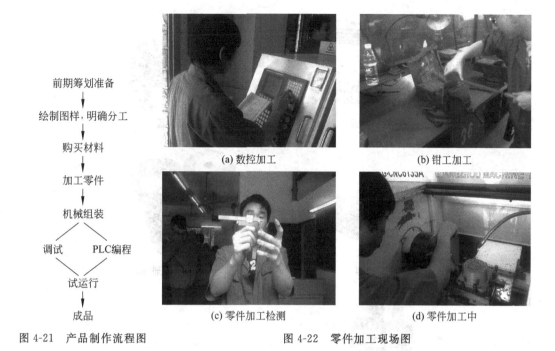

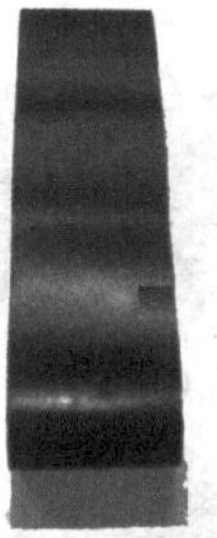

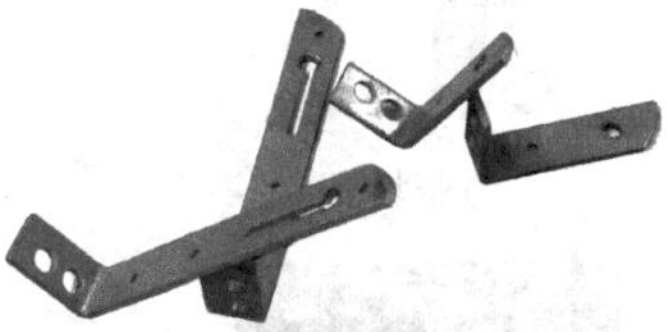

图 4-23　各零部件的名称与实物图

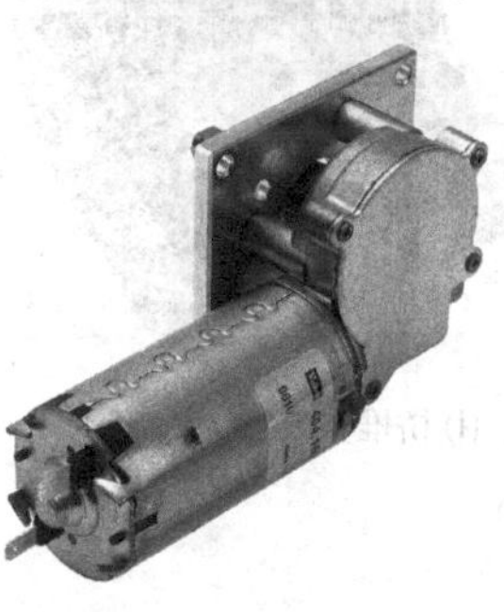

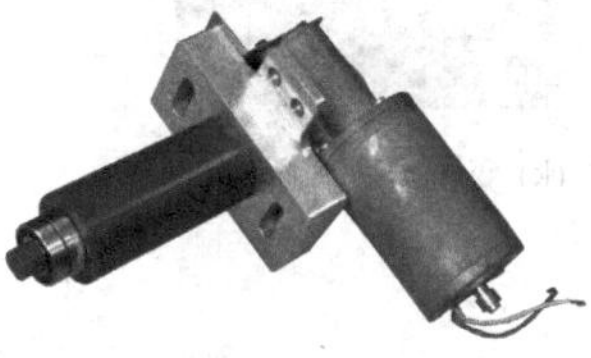

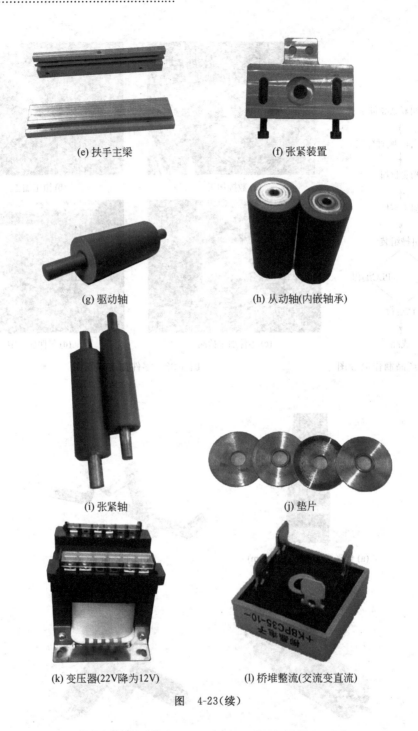

图 4-23(续)

1. 设计思路

PLC 控制器采用三菱公司的 FX-2N 系列。FX-2N 系列 PLC 适用于各行各业及各种场合中的检测、监测及控制的自动化,它无论在独立运行中还是在相连的网络中皆能实现复杂的控制功能。其中,CPU 226 集成了 24 路输入和 16 路输出,共 40 个数字量 I/O

点;可连接 7 个扩展模块,最大可扩展至 248 路数字量 I/O 点或 35 路模拟量 I/O 点;13KB 的程序和数据存储空间;6 个独立的 30kHz 高速计数器,2 路独立的 20kHz 高速脉冲输出,具有 PID 控制器;2 个 RS-485 通信/编程口,具有 PPI 通信协议、MPI 通信协议和自由方式通信能力;I/O 端子排可以很容易地整体拆卸;用于较高要求的控制系统,具有更多的输入/输出点,更强的模块扩展能力,更快的运行速度和功能更强的内部集成特殊功能;其输入电路采用光电隔离,继电器型输出,并带有 DC 24V 电源为传感器提供可靠的工作电压,其稳定性和易用性一直为广大电气技术人员所喜爱。

传感器选用 BANNER 公司的 Q23SN6LP 反射型超声波检测开关,其检测距离最高可达 2m,在 0.5~1.5m 距离效果最佳;其工作电压为 DC 10~30V。将其安装在自动扶梯(自动人行道)上或下平台的距离入口 1.0~1.5m 处(使乘客能够对自动扶梯(自动人行道)的加速有所准备)。

为了确保每一个从不同方向走过来的乘客都能被探测到,需要将超声波检测开关的安装位置朝向自动扶梯(自动人行道)的内侧,自动扶梯(自动人行道)入口前方形成一个无盲区的探测带。通过超声波检测开关背部的按键调节,可以设定感应范围,并且会产生一个等腰三角形形状的探测光束区域。一旦有行人朝自动扶梯(自动人行道)入口处走来,就可以被声波感应到。

假设目前设定好超声波检测开关的探测距离为 1.5m(即屏蔽 1.5m 以外的物体),同时要考虑到有乘客从侧面进入电梯入口,这时候乘客距离检测开关才 30mm。如图 4-24 所示,X 为传感器到乘客的距离,Y 为乘客探测有效部位。设定 X 的取值范围为 $1.5m > X > 0.3m$,传感器发射角为 $30°$,$Y = X\tan 30°$,可以计算出 Y 的同幅度范围为 $0.87m > Y > 0.17m$,即对人体的腿部和脚部进行探测。由于超声波检测开关能可靠检测深色物体,而乘客的裤子和鞋子通常都以深色为主,以前采用光电传感器不能可靠检测的部位,现在有了超声波检测开关就可以完全解决了。

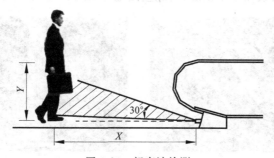

图 4-24 超声波检测

当超声波检测开关检测到有人进入自动扶梯(自动人行道)时,自动扶梯(自动人行道)便开始提速,由缓速提升到额定速度所需的时间可通过 PLC 进行设定,设定时间可考虑为 2~4s。当乘客进入自动扶梯(自动人行道)时,自动扶梯(自动人行道)已接近或达到额定速度,这样就避免了乘客在自动扶梯(自动人行道)上的加速过程,保证了乘客的安全。当 PLC 检测到自动扶梯(自动人行道)空载 t 秒后,发出指令使电动机停止运行。

整个自动扶梯(自动人行道)节能运行模式控制流程如图 4-25 所示。

采用上述的节能方法,其优点在于:

① 无人乘梯时,保证自动扶梯(自动人行道)自动平稳过渡到节能运行,以 1/5 额定速度运行,节约了能源。

② 有人乘梯时,保证自动扶梯(自动人行道)自动以节能速度平稳过渡到额定速度运行,保证了正常的使用。

③ 由于无人乘梯时节能速度很慢,使得机械部分的磨损大大降低,相对延长了自动扶梯(自动人行道)的使用寿命。

④ 技术成熟,便于实施和推广。PLC 采用继电器型,编程简单,工程技术人员便于根据实际需要进行修改。

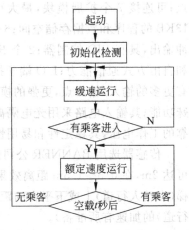

图 4-25 运行模式控制流程图

2. 全自动智能人行道的组装调试

(1) 机械部分

① 先安装单面扶手主梁,把轴承固定好,再把四块镍块放进扶手主梁槽特定的位置。

② 把连接电动机的轴承和两个用来做张紧作用的轴承及两边用来转动的轴承放进去。

③ 放上传送带,把轴承和张紧轴承及电动机的位置放好以后,再拿第二条导轨来固定轴承和张紧轴承及电动机的位置。

④ 把两条扶手主梁连接起来,把它们的位置对好以后,用螺丝把轴承和张紧轴承的位置固定。

⑤ 把四块支撑人行道的 L 形铁跟扶手主梁用螺丝锁紧连接。

⑥ 最后把人行道放在基站顶层,用螺丝固定好,如图 4-26 所示。

(a) 准备组装

(b) 组装中

图 4-26 机械安装

(2) 电气部分

① 制作整流变压装置。整流变压装置就是用降压变压器把 220V 交流电降到所需电压(12V)后,再通过晶闸管(桥堆)整流,把交流电变为直流电,供给电动机使用。变压器桥堆整流电路图如图 4-27 所示。

② 进行可编程控制器(即 PLC)程序的编写。

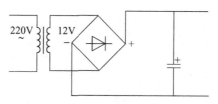

图 4-27 变压器桥堆整流电路图

五、运行步骤及程序

① 通过触发超声波感应器信号装置来启动自动人行道。
② 自动人行道运行时,指示灯 1s 闪烁一次。
③ 当按下停止按钮,PLC 时间计数器开始计数,运行 30s 后,便停止运行。
④ 当按下急停按钮,自动人行道马上停止运行。

梯形图程序如图 4-28 所示。

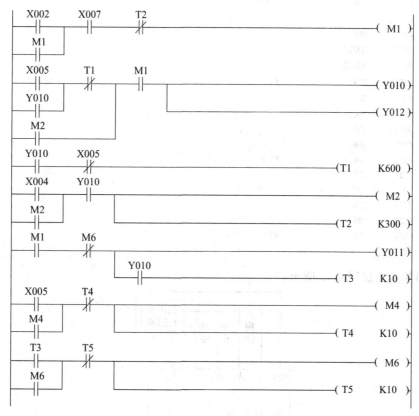

图 4-28 全自动智能人行道运行的梯形图程序

指令表程序如下:

0　LD　　X002

1	OR	M1	
2	AND	X007	
3	ANI	T2	
4	OUT	M1	
5	LD	X005	
6	OR	Y010	
7	ANI	T1	
8	OR	M2	
9	AND	M1	
10	OUT	Y010	
11	OUT	Y012	
12	LD	Y010	
13	ANI	X005	
14	OUT	T1	K600
17	LD	X004	
18	OR	M2	
19	AND	Y010	
20	OUT	M2	
21	OUT	T2	K300
24	LD	M1	
25	ANI	M6	
26	OUT	Y011	
27	AND	Y010	
28	OUT	T3	K10
31	LD	X005	
32	OR	M4	
33	ANI	T4	
34	OUT	M4	
35	OUT	T4	K10
38	LD	T3	
39	OR	M6	
40	ANI	T5	
41	OUT	M6	
42	OUT	T5	K10
45	END		

外部接线图如图 4-29 所示。

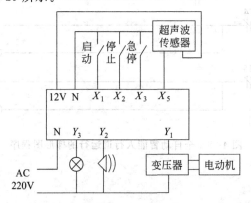

图 4-29 全自动智能人行道的外部接线图

六、在装配过程中所遇到的问题及解决方法

1. 问题及原因

智能人行道是以传送带作为牵引机构和承载机构的连续运输机构,但在运行过程中,我们发现传送带跑偏。它通过从动轴、驱动轴和张紧轴对传送带的摩擦力带动传送带运动,从而实现输送功能。所以从力学原理上分析,造成传送带跑偏的原因主要是传送带两侧的驱动力不平衡及从动轴、张紧轮对传送带产生侧向力等。

2. 解决方法

解决传送带跑偏问题的最重要方法,是在安装时就注意传送带尺寸的测量;而在安装传送带完毕以后,防止传送带跑偏的主要方法应针对不同的跑偏原因进行具体处理。

① 传送带电动机的位置偏移会导致传送带跑偏,根据问题产生的原因,通过调整从动轴的位置就可以得到解决。

② 如果从动轴不能垂直于传送带输送机长度方向的中心线,则很容易导致传送带跑偏,调整方法就是修正从动轴的安装位置。

③ 传送带往一边跑偏可以用从动轴加垫片的方法调整。

七、总结

本作品是一种基于 PLC 和超声波检测开关控制的智能人行道,能在安全舒适运行的前提下节约宝贵的能源,同时有利于延长使用寿命,具有良好的社会推广价值和市场前景,尤其是在机场、宾馆等公共场所可以取得显著的效果。由于本作品只是作为一个教学模型,所以结构比较简单,功能也不甚完善,如没有加入扶手带运行的元素等,主要是突出超声波检测开关控制下的智能人行道的节能理念。本设计还存在诸多不足之处,有待进一步完善。

作 品 点 评

本设计是电梯安装与维修专业学生的毕业设计作品,在智能人行道入口处装一个超声波传感器,利用发射的超声波照到人体身上,并接收到反射的声波,就可以在智能人行道入口处探测到乘客之后发出一个信号,从而为智能人行道执行机构(电动机驱动系统)提供准确的运行指令,使得有乘客时运行,无乘客时切换至节能状态,从而达到节能环保的目的。

本设计的亮点主要有:

① 节能环保。据测算,节能效果非常明显,可降低能耗近 35%。

② 在设计上首次将超声波检测装置引入到自动扶梯(自动人行道)中来,领先行业设计。

③ 独创的运行张紧装置,使自动扶梯(自动人行道)运行更加平稳和安全。

④ 新颖的报站装置。采用高性能微型处理器为控制核心的 CPU 结构,接线简单,报

站准确,音量可独立调整,适用性强,语音清晰,抗干扰能力强,工作性能可靠,可时刻为乘客的安全保驾护航。

⑤ 综合现代设计技术的全新设计,将对电梯行业发展起到极大的推动作用。

实例三 可编程智能控制小车的设计制作

摘 要

PLC 的英文全称为 Programmable Logic Controller,中文全称为可编程逻辑控制器。本设计采用 PLC 可编程控制器、受红外线感应控制的直流继电器。当在小车前进过程中遇到障碍物时,红外线感应器就会接收到这一信号,并将这一信号传递给 PLC,通过 PLC 程序的控制,能直观地看到小车自动向左(或右)运动的情况,同时也达到自动避开障碍物的目的。

关键词:PLC;电动机;红外线感应器

正 文

一、PLC 概述

20 世纪 80 年代至 90 年代中期是 PLC 发展最快的时期,年增长率一直保持在 30%~40%。这段时期,PLC 的处理模拟量能力、数字运算能力、人机接口能力和网络能力得到大幅度提高,PLC 逐渐进入过程控制领域,在应用上取代了传统的电气控制过程。PLC 具有通用性强、使用方便、适应面广、可靠性高、抗干扰能力强、编程简单等特点。

PLC 可编程控制器是一种数字运算操作的电子系统。它采用一类可编程的存储器,用于其内部存储程序,执行逻辑运算、顺序控制、定时、计数与算术操作等面向用户的指令,并通过数字或模拟量输入/输出控制各种类型的机械或生产过程。

二、工作原理与接线图

本设计设置了四种不同的 PLC 程序,来控制小车的运动轨迹,达到自动避开障碍物的目的。

小车控制流程图如图 4-30 所示,小车外形结构图如图 4-31 所示。

1. 工作原理

电动机控制接线图如图 4-32 所示,红外线控制线路图如图 4-33 所示,PLC 接线图如图 4-34 所示,小车内部结构图如图 4-35 所示。M_1 电动机控制小车的前后运动,当继电器 KA_1 得电时,小车前进;继电器 KA_2 得电时,小车后退。M_2 电动机控制小车的左右运动,当 KA_3 得电时,小车左转;KA_4 得电时,小车右转。KA_5 受红外线左感应控制,

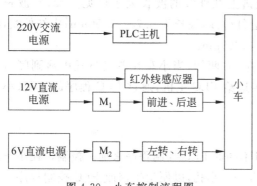

图 4-30　小车控制流程图

图 4-31　小车外形结构图

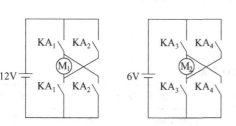

图 4-32　电动机控制接线图

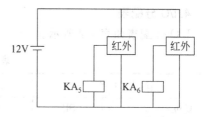

图 4-33　红外线控制线路图

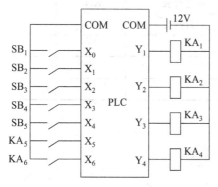

图 4-34　PLC 接线图

图 4-35　小车内部结构图

KA_6 受红外线右感应控制。当在小车前进过程中遇到障碍物时,红外线感应器就会接收到这一信号,并将这一信号传递给 PLC 控制器,通过 PLC 程序的控制,使小车实现自动向左(或右)运动(设置了四种不同的 PLC 程序控制小车的运动轨迹),并能自动避开障碍物。

2. 红外线控制说明

红外线又称为红外热辐射,是太阳光线中众多不可见光线中的一种,由德国科学家霍胥尔于 1800 年发现。霍胥尔将太阳光用三棱镜分解开,在各种不同颜色的色带位置上放置了温度计,试图测量各种颜色的光的加热效应。结果发现,位于红光外侧的那支温度计升温最快。因此得到结论:太阳光谱中,红光的外侧必定存在看不见的光线,这就是红外线。红外线也可以当做传输媒介。太阳光谱上红外线的波长大于可见光线,其波长为 $0.75\sim1000\mu m$。红外线可分为三部分,即近红外线,波长为 $0.75\sim1.50\mu m$;中红外线,波长为 $1.50\sim6.0\mu m$;远红外线,波长为 $6.0\sim1000\mu m$。

我们将红外线探头安装在小车前面的左、右两侧,当小车在前进过程中遇到障碍物时,红外线探头将这一信号转换为电信号传送给 PLC 主机,通过 PLC 程序的控制,小车可以自动避开障碍物。

3. PLC 控制说明

自动避开障碍物的方法很多,可以通过不同的 PLC 控制程序来加以控制。在小车的顶部装有 PLC 的主机系统,小车的侧面开有一个小孔,以便学生修改 PLC 控制程序。我们在小车的正前方设置了五个按钮,供 PLC 控制程序中使用。

4. I/O 分配表

I/O 分配表如表 4-2 所示。

表 4-2 I/O 分配表

输入设备		IN	输出设备		OUT
复位	SB_1	X_0	向前行驶	KA_1	Y_1
程序 1	SB_2	X_1	向后行驶	KA_2	Y_2
程序 2	SB_3	X_2	向左行驶	KA_3	Y_3
程序 3	SB_4	X_3	向右行驶	KA_4	Y_4
程序 4	SB_5	X_4			
左红外感应	KA_5	X_5			
右红外感应	KA_6	X_6			

5. 梯形图程序和指令表程序

参见本书配套光盘。

三、可编程智能控制小车的制作与调试

1. 材料清单

材料清单如表 4-3 所示。

表 4-3 材料清单

序号	名称	型号	规格	数量
1	玩具车	—	—	1
2	UPS 电源	Oriondo V500N	AC 220V	1
3	继电器	JQC-3FE	10A,12V	6

续表

序号	名称	型号	规格	数量
4	按钮	CX-RB-507	3A,250A·V	5
5	红外感应器	DR-100N	DC 10~30V	2
6	干电池	—	DC 12V,3.3A	1
7	交流适配器	FMA-AC0601	1A,6V	1
8	PLC	FXON-40MR	AC 220V	1
9	直流电动机	—	12V	2

2. 调试报告

（1）调试问题

在调试过程中所遇到的问题：

① 小车的速度过快，小车在惯性作用下会导致撞上物体，影响小车的运行功能。

② 红外线感应在充足的光线或阳光下反应较慢，不能实现小车最初的设计功能。

（2）解决方法

① 为了解决小车的速度过快这一问题，我们在正反转控制电动机的前面加装了一个 10kΩ 的可调电阻，实现降压，以求减小电动机的转速，达到降低小车行驶速度目的。在调试过程中，我们发现由于可调电阻的功率不满足负载要求，10kΩ 的可调电阻被烧坏。

② 在串电阻不能解决问题时，我们又进行了新的尝试，决定使用 PLC 编程的脉冲信号来控制小车的快慢。通过编写程序，给小车的控制电动机一个脉冲信号，改变脉冲信号的时间参数，就可以改变小车的控制速度。通过反复对小车速度的调试，最终我们将时间参数定为通 1ms、断 1ms，解决了小车行驶速度过快这一问题。

③ 通过更换高灵敏度的红外线探头，可以解决在充足的光线或阳光下红外线感应慢的问题。

3. 制作及调试过程现场图

制作及调试过程现场图如图 4-36 所示。

图 4-36 制作及调试过程现场图

四、结论

① 在设计可编程智能控制小车过程中,加入红外线设备,增强了课题设计的综合性,通过设计和制作,由想象变成了实物。在制作和调试过程中,第一时间内发现了自己对设计课题的理解问题、电路设计问题,从而提高了自身的分析问题与解决问题的能力,提高了自身综合技能。

② 在小车的车顶开有一个小孔,只要将修改好的程序再次输入到小车的 PLC 的主机中,就可以实现对小车运行程序的修改,修改简单、操作方便。

作 品 点 评

本设计是机电一体化专业(电控方向)学生的毕业设计作品。本课题硬件系统设计方案选择合理恰当,能够编写一定难度的单片机汇编程序,焊接组成系统,并对系统电路进行了试验、测试,能够运用所学知识对系统进行分析。

作品顶部装有 UPS 电源,为小车提供所需的电能;小车的正前方设有五个不同颜色的按钮,学生可以根据自己的设计要求进行选用;小车的前方左右两侧装有两个红外线感应器,当在小车前进过程中遇到障碍物时,红外线感应器就会接收到这一信号,并将这一信号传递给 PLC 控制器,通过 PLC 程序的控制,使小车实现自动向左(或右)运动。

作品特点:

① 通过设计直接反映学生对课题的具体设计情况,将学生的课题设计内容及结果,由想象变成了实物的体现,使得教学更加直观。

② 可编程智能控制小车设计时注重了实用性和综合性,学生在实际应用中操作简单、修改方便,在学科中具有领先性。小车具有综合性较强的特点,在 PLC 设计过程中,加入红外线设备,增强了课题设计的综合性,这对学生的综合技能的提高具有一定的意义。

③ 本设计重点在于 PLC 的编程和调试,作品直观性较好,学生能看到实物真正的运行过程和运行的结果,并且有一定的"趣味性",也有利于学生综合技能的提高。

实例四　汽车行车防护系统的设计制作

摘　要

随着科技及经济的不断发展,汽车已经成为交通运输的主要工具,而且还呈不断增长的趋势。如何才能保证汽车的行驶安全呢?在交通繁忙、车辆拥挤或者在倒车时,如何才能保证车辆免受碰撞呢?

本文主要介绍汽车行车防护系统。由于车的两侧和后方存在着不可避免的视线盲区,倒车事故造成的财产损失和人员伤亡时有发生。因此,驾驶员也越来越需要安全、便捷的驾驶环境。加装行车防护系统可以解决驾驶人员倒车时的后顾之忧,大大降低车辆的剐蹭和交通事故的发生。而且,在天气恶劣、光线不足的环境,如雨雪天、雾天、夜晚照明不足等情况下,汽车行车防护系统的优势更明显。

关键词:交通碰撞;汽车行车防护系统;恶劣环境

正　文

一、汽车行车防护系统的介绍

防护系统(PDC 系统)又称为倒车雷达,该系统主要由超声波传感器(探头)、控制器(主机)和显示器等部分组成。现在市场上的倒车雷达大多采用超声波测距原理,驾驶者在倒车时,倒车雷达启动,由装置于车尾的探头向车后方发送超声波,遇到障碍物,产生回波信号,传感器接收到回波信号后经控制器进行数据处理,判断出障碍物的位置和距离,最后由显示器和蜂鸣器发出图像和(或)声音警示,从而使驾驶者在倒车时做到心中有数,使倒车变得更加安全和轻松。

PDC 系统的工作原理通常是,在车的后保险杠或前后保险杠设置雷达侦测器,用以侦测前后方的障碍物,帮助驾驶员"看到"前后方的障碍物。此装置除了方便停车外,更可以保护车身不受剐蹭。PDC 是以超音波感应器来侦测出离车最近的障碍物距离,并发出警笛声来警告驾驶者。而警笛声音的控制通常分为两个阶段,当车辆的距离达到某一开始侦测的距离时,警笛声音开始以某一高频的警笛声鸣叫;而当车行至更近的某一距离时,则警笛声以连续的警笛声来告知驾驶者。PDC 的优点在于驾驶员可以用听觉获得有关障碍物的信息,或与其他车辆的距离。PDC 系统主要是辅助停车的,当达到或超过某一车速时,该系统功能将会关闭。

二、防护系统的应用

1. 停车辅助系统

防护系统主要用于小轿车中。下面以保时捷汽车的防护系统为例,简单介绍该车的停车辅助系统。

所有的 Panamera 车型都配置了带有声响报警的后部 4 通道停车辅助系统,当车辆接近障碍物时,组合仪表中的声频发生器会向驾驶员发出声响报警;增强的 10 通道辅助系统在前部区域装有 6 个辅助传感器,如图 4-37 所示。

2. 防护系统传感器的监测

以 Panamera 车型为例,传感器主要是以超声波检测障碍物的距离,来提示驾驶员。当检测到障碍物时,会响起间歇性的提示音。当车辆靠近障碍物时,系统将分为五个阶段缩短提示音间隔。当距离小于 35cm 左右时,会响起连续信号音,其传感器监测区域如图 4-38 所示。

图 4-37 停车辅助系统

图 4-38 传感器监测区域

传感器保养提示：

① 传感器在任何时候都不得沾有灰尘和冰雪，以确保其功能完好。
② 不要磨损或刮伤传感器。
③ 使用电动清洗器清洗时，应保持足够的距离。
④ 水压过高会损坏传感器。

3. 停车辅助系统的区域显示

显示装置的作用主要是，当车辆接近障碍物时，车辆以示意图的形式显示在中央 PCM 显示器或 CDR 中，可以通过直观显示和发出声音这两种方式指示系统启用停车辅助系统。Panamera 车型的停车辅助系统显示区域如图 4-39 所示。

三、行车防护系统的设计制作流程

为了更方便、更直观地了解汽车防护系统的作用，设计了带遥控功能的汽车模型，主要是模拟汽车在道路行驶或倒车工况。

图 4-39　停车辅助系统显示区域

当行车或倒车雷达装置检测到障碍物时,该防护系统会通过蜂鸣器或语音提示,提示驾驶员停车,防止由于视线盲区的限制而造成经济损失或人员的伤亡。而且,本模拟车还装上液晶的显示器,通过监视器将车后方的情况以动态影像的形式显示在液晶屏幕上,更真实地将信息反馈给驾驶员。

制作的主要流程如下。

1. 制造车模

车模如图 4-40 所示。

车模尺寸：长 35cm,宽 20cm,高 9.2cm。

材料：PPC 塑料,玻璃胶。

制造方法：切割 PPC 塑料,钻孔、打磨,将 PPC 塑料用热风机边吹边压,压成所需形状,最后用玻璃胶粘成汽车模型。

2. 购买蓄电池

购买一个 12V 蓄电池,如图 4-41 所示。

图 4-40　车模　　　　　　　　　　图 4-41　蓄电池

3. 驱动控制继电器的原理与制作

① 作用：控制四个车轮(小电动机)转动。

② 原理：继电器是一种电子控制器件,具有控制系统(又称输入回路)和被控制系统(又称输出回路),通常应用于自动控制电路中。它实际上是用较小的电流去控制较大电

流的一种"自动开关",故在电路中起着自动调节、安全保护、转换电路等作用。电磁式继电器一般由铁芯、线圈、衔铁、触点簧片等组成。只要在线圈两端加上一定的电压,线圈中就会流过一定的电流,从而产生电磁效应,衔铁就会在电磁力吸引的作用下克服返回弹簧的拉力吸向铁芯,从而带动衔铁的动触点与静触点(常开触点)吸合。当线圈断电后,电磁的吸力也随之消失,衔铁就会在弹簧的反作用力下返回原来的位置,使动触点与原来的静触点(常闭触点)吸合。这样吸合、释放,从而达到在电路中的导通、切断的目的。对于继电器的常开、常闭触点,可以这样来区分:继电器线圈未通电时处于断开状态的静触点,称为常开触点;处于接通状态的静触点称为"常闭触点"。

③ 制作:在电路板上进行四个继电器的焊接与线路连接,用以控制四个驱动轮,驱动模型汽车行驶和转向。继电器如图 4-42 所示。

4. 无线遥控十二路开关的制作

无线遥控十二路开关的制作是在电路板上进行的。购买小型继电器 12 个,进行电路设计、优化及继电器的焊接;接收器直接购买,用以接收并放大遥控器的控制信号。无线遥控十二路开关如图 4-43 所示。

作用:接收遥控信号,控制驱动控制继电器工作,实现控制转动。

图 4-42　继电器　　　　　　　　　图 4-43　无线遥控十二路开关

5. 购买遥控器

模型汽车的遥控器如图 4-44(a)所示,该元件从市场购买。

6. 购买倒车雷达显示器

倒车雷达显示器如图 4-44(b)所示,该元件从市场购买。

(a) 遥控器　　　　　　　　(b) 倒车雷达显示器

图 4-44　遥控器与倒车雷达显示器

7. 总装与调试

各部分完成后，把所有驱动控制电路与遥控接收电路在车模上进行总装、调试，检测并验证行车防护系统的性能与演示效果，如图 4-45 所示。

图 4-45　总装与调试

（1）调试中发现的问题

在完成总装后，调试中发现两个问题，一是汽车车模在行驶中方向跑偏，原因是前轮装配高度不一致；二是防护报警系统响应不灵敏。

（2）解决方案

通过对左前轮重新装配，调整高度差，跑偏问题得到解决。

防护系统响应不灵敏问题的解决颇费周折，经过对电路系统重新检测，发现无线遥控十二路开关电路中有一组线在焊接时与电路板产生短路，导致传感器检测到的信号不能及时传递给报警系统。通过重新更换电路板，重新对无线遥控十二路开关进行优化焊接，此问题得到解决。

四、结论

经过以上的探讨与研究，可看出该防护系统具有价格便宜、实用性强、安装方便等特点，对一些爱车者可以起到避免爱车刮蹭的功能。该系统已经很广泛地普及到许多的汽车上面，也有很大的发展空间，希望我们在以后的学习与研究中，可以将该系统进一步完善，使得驾车族们可以减少事故的发生，保证道路的行车安全。

作 品 点 评

该作品是汽车检测与维修专业学生的毕业设计作品。该作品可以解决驾驶人员倒车时的后顾之忧，大大降低车辆的刮蹭和交通事故的发生，而且在天气恶劣、光线不足的环境，如雨雪天、雾天、夜晚照明不足等情况下，汽车行车防护系统能起到很好的提示作用。该作品具有以下特点。

① 车模采用全透明材料，适合功能演示。

② 通过雷达探头检测障碍物，并且以语音和图像的形式提醒驾驶员。

③ 该防护系统具有价格便宜、实用性强、安装方便等特点，对一些爱车者可以起到避免爱车刮蹭的功能。

实例五　四层四站串行全智能微机控制电梯的设计制作

摘　要

随着我国经济的高速发展,交流变频调速技术已经进入一个崭新的时代,其应用越来越广泛。电梯作为现代高层建筑的垂直交通工具,与人们的生活密切相关。随着人们对其要求的提高,电梯得到了快速的发展,其拖动技术已经发展到了变压变频调速,其逻辑控制现已由全智能微机代替原来的继电器控制。

关键词：变频调速；串行全智能微机；旋转编码器；光电感应器

正　文

一、四层四站串行全智能微机系统概述

四层四站串行全智能微机控制电梯模型是以单片机 P89C61RD2 作为控制芯片,三相交流变频电动机为控制电机。微型计算机简称微型机、微机,也称微型电脑。

微机是由大规模集成电路组成的、体积较小的电子计算机,由微型处理机(核心)、存储片、输入/输出片、系统总线等组成。其特点是体积小、灵活性大、价格便宜、使用方便,是以微处理器为基础,配以内存储器及输入/输出(I/O)接口电路和相应的辅助电路而构成的裸机。把微型计算机集成在一个芯片上即构成单片微型计算机。用微机与变频器的配套使用搭建电动机驱动模块,结合光电传感器实现对电梯的上升、下降和准确平层的各种运行方式的控制。

微型计算机控制系统已成为工业控制的主流系统。微型计算机控制系统是以微型计算机为核心部件的自动控制系统或过程控制系统,它已取代常规的模拟检测、调节、显示、记录等仪器设备,具有较高级的计算和处理方法,使受控对象的动态过程能按预定方式和技术要求进行,以完成各种控制、操作管理任务。

二、电梯模型设计要求

① 每层电梯入口设有上下请求开关按钮,电梯内设有乘客到达层次的停靠站请求开关按钮(用微机面板控制)。

② 设有电梯所在楼层位置指示装置及电梯运行模式(上升或下降)指示装置(观看微机面板显示器)。

③ 电梯到达有停靠站的请求的楼层后,电梯自动开门,开门指示灯亮,开门 4s 后,电梯门关闭(开门指示灯灭),电梯继续运行,直到执行完最后一个请求信号后停靠在当前层。

④ 电梯因中途停电或电气系统故障不能正常运行时,恢复正常状态后,电梯能自动停靠在最近楼层平层开门。

⑤ 采用微机与变频器的配套使用搭建电动机驱动模块，结合光电传感器实现对电梯的上升、下降和准确平层的各种运行方式的控制。

⑥ 自主研发电梯各个零部件。

三、设计参数及工艺

1. 基本参数

楼高（每层）：300mm；额定载重量：5000g；轿厢自重：500g；对重自重：1500g；额定梯速：0.3cm/s；钢丝绳质量：700g。

2. 曳引机的参数

电动机型号：YTD250L1—6/24；相数：三相；接线方法：YY/Y；绝缘等级：B级；额定功率：0.75kW；额定频率：50Hz；额定电压：380V；额定电流：10A；转速：1000r/min；减速箱减速比：1∶52。

3. 楼层模型

电梯模型采用易于加工的角铁，选用高1.9m、宽0.65m的角铁架作为模拟楼层和模拟井道，井道上方及下方分别安装3个限位开关，分别是上/下极限、上/下限位、上/下强迫换速开关，各个层站的遮磁板也分别安装在模拟井道上，模型架的底座用三脚架固定，确保电梯运行过程中不会出现模型摇动现象。电梯轨道用驱动链条作为电梯轿箱及对重的导轨，模型架上部与下部分别安装了两个导向齿轮保障电梯的运动轨迹。在下部电动机减速箱位置安装一个驱动链条的张紧齿轮。电梯模型如图4-46所示。

轿厢用铁皮盒子代替，盒子敞开一面，可以放入物品，模拟乘客进出电梯，并设置轿门及开门电动机。在门上面的一端安装一个开关门极限开关，轿顶安装光电感应器。轿厢如图4-47所示。

在轿箱及对重下方的横架上设置了简单的弹簧缓冲器，横架上面还加装了可调整的竖架，用于固定电动机。电动机尾轴安装了旋转编码器，如图4-48所示。

图4-46 电梯模型

图4-47 轿厢

图4-48 旋转编码器

4. 驱动电路模块

控制电动机选用三相交流异步电动机，电动机通过变频器改变其转速和转向，利用微机板指令及变频器的配套使用控制电动机。

采用串行微机作为控制芯片,分别处理电梯运行程序、数据信号交换、显示屏人机界面;确保可靠运行电梯控制程序,且速度快(每周期 1ms);最新串行存储技术记录数据;大电流开关电源 LM2596 确保系统工作电源稳定,且对供电电源要求低;高速光电隔离光耦及微机内部分频技术,使 MB2 微机可接收高达 1000k/s 计数脉冲,电动机的运转速度可以通过调节电流频率来控制。同时,通过对脉冲个数的控制,也可以粗略了解轿厢运行的位移,配合光电模块,将使电梯平层更加便捷、准确。

5. 光电传感模块

为了确保平层精度,每层楼都安装红外对管,用于检测轿厢是否运行至楼层,若检测到轿厢运行至目标楼层,则向 CPU 发出中断请求,执行电梯停止运行操作。

红外对管原理:红外对管由发射和接收两部分组成,发射的红外线经轿厢反射,被接收管接收后,引起电平跳变,CPU 根据此信号发出相应命令。红外对管的电路原理图以及实物图如图 4-49 所示。

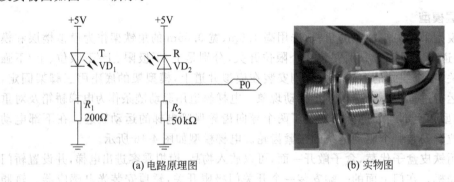

图 4-49 红外对管的电路原理图及实物图

6. 楼层按键

为了模拟乘客在轿厢内对电梯的控制,我们选用 LIFTCON—MB2 串行电梯控制微机按键模拟乘客选择楼层及轿厢内的一些控制按钮,便于演示。控制按键用于楼层及轿厢控制以及用于密码和其他设置。

7. 电源电气部分

我们用 50mA 的变压器的 36V、24V、6V 整流电压作为直流控制电源,并设置有安全漏电保护装置接触器。控制电路实物图如图 4-50 所示。

图 4-50 控制电路实物图

四、智能微机与变频器闭环控制

1. 变频器的基本构成

变频器的基本构成如图 4-51 所示,由主回路(包括整流器、中间直流环节、逆变器)和控制回路组成。

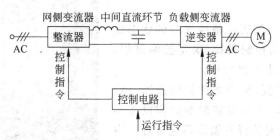

图 4-51　变频器的基本构成图

2. 微机的构成与控制方法

微机自动控制系统是由控制器和控制对象两大部分组成的。如图 4-52 所示,给出了按偏差进行控制的闭环控制系统框图。

图 4-52　闭环控制系统框图

控制器首先接收给定信号,根据控制的要求和控制算法,向执行机构发出控制信号,驱动执行机构工作;测量元件对被控对象的被控参数(温度、压力、流量、转速、位移等)进行测量,变换发送单元将被测参数变成电压(或电流)信号,反馈给控制器;控制器将反馈信号与给定信号进行比较,如有偏差,控制器就产生新的控制信号,修正执行机构的动作,使被控参数的值达到预定的要求。由于闭环控制系统能实时修正控制误差,它的控制性能好。

如果把图 4-53 中的控制器用微型计算机代替,就可以构成微机控制系统,其基本框图如图 4-54 所示。在微机控制系统中,运用各种指令能编出各种控制程序。微机执行控制程序,就能实现对被控参数的控制。

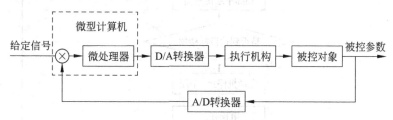

图 4-53　微机控制系统基本框图

在微机控制系统中,由于微机的输入/输出信号都是数字信号,而被控对象信号大多是模拟信号,因此需要有将模拟量转换为数字量的 A/D 转换器和将数字量转换为模拟量的 D/A 转换器,以及为了满足微机控制需要的信号处理电路。微机控制系统的控制过程可归纳为以下步骤:

① 发出控制初始指令;

② 数据采集,对被控参数的瞬时值进行检测并发送给微机;

③ 控制,对采集到的表征被控参数的状态量进行分析,并按给定的控制规律,决定控制过程,实时地对控制机构发出控制信号。

上述过程不断重复,整个系统就能按照一定的品质指标进行工作,并能对被控参数和设备本身出现的异常状态及时监督并做出迅速处理。由于控制过程是连续进行的,微机控制系统通常是一个实时控制系统,如图 4-54 所示。

图 4-54 微机控制系统

五、试运行程序流程图

试运行程序流程图如图 4-55 所示。

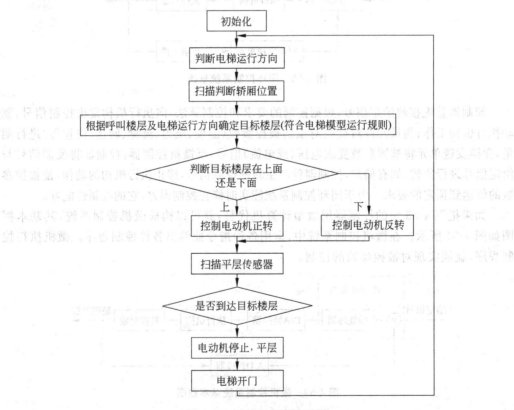

图 4-55 试运行程序流程图

六、总结

LIFTCON—MB2 串行电梯控制微机是一款高性能、低价格的电梯控制系统,是以可靠、低价、功能全、易维护、易使用、美观为设计思想。

采用三片 Philips 公司的超强单片机 P89C61RD2 作为控制芯片,分别处理电梯运行程序、数据信号交换、显示屏人机界面,确保可靠运行电梯控制程序,且速度快(每周期 1ms);Xilinx 公司 XC9572 现场可编程高密度 I/O 扩展;最新串行存储技术记录数据;由外部"看门狗"及控制芯片内部"看门狗"功能组成两级程序监视,确保控制程序正常运行;大电流开关电源 LM2596 确保系统工作电源稳定,且对供电电源要求低;高速光电隔离光耦及微机内部分频技术,使 LIFTCON-MB2 微机可接收高达 1000k/s 计数脉冲;较少的集成电路,加上全新的电梯控制编程方法,实现了简单可靠、低价、易维护等设计要求。

微机各功能器件模块式集中布局,电路原理一目了然,具有极高的抗干扰能力,设计美观,接线方便。

综上所述,经济及设备维护指标都得到了提高。

在本次的毕业设计制造中,遇到过许多问题,从方案的起草、材料的准备和购买、制作成品中的问题到制作完成后的调试,都给我们带来了一个全新的挑战。通过毕业设计,体会十分深刻,由空想到毕业设计的制作完成,才明白很多事情不是想象中那么简单,也了解和学会了很多不会的知识。

作 品 点 评

四层四站串行全智能微机控制电梯是电梯安装与维修专业学生的毕业设计作品。该作品把传统的继电器控制方式替换为集成在一个芯片上的单片微型计算机控制方式,利用微机与变频器的配套使用搭建电动机驱动模块,结合光电传感器实现对电梯的上升、下降和准确平层的各种运行方式的控制;利用矩阵键盘、数码管等各种功能模块实现电梯的扩展功能及人机交互功能,使电梯控制方式更简单方便。该作品具有以下特点。

① 采用无触点逻辑线路,以提高系统的可靠性,降低维修费用,提高产品质量;
② 可改变控制程序,灵活性大;可适应各种不同的要求,实现控制自动化;
③ 可实现故障显示及记录,使维修简便,减少故障时间,提高运行效率;
④ 用微机调速,提高电梯的舒适感;
⑤ 用微机实现群控管理,合理调配电梯,可以提高电梯运行效率,节约能源;
⑥ 微机控制装置体积小,可减小控制装置占地面积。

微型的四层四站串行全智能微机控制取代了大部分的继电器,也取代了传统选层方法,结合光电编码器实现了串行数字选层,且在调速方便的同时解决了复杂的调配管理问题。

实例六 恒温恒湿机控制线路的设计

摘　要

随着社会科技的迅速发展,社会对高级工的需求量越来越大,参加制冷设备维修工考评的人数越来越多,使用制冷设备考核的频率提高,对制冷设备的损耗加剧。而考核高级制冷设备维修工所用的控制电路板也要经常维护或更换,影响了学员的实习效率,也加剧了教学资源的损耗,增加了教学成本。但是可以在原来的控制电路基础上,增加一系列的五位开关来设置故障,则可解决实习和鉴定过程中的控制电路的损耗过大问题,并可使故障设置更加合理、快捷,设置故障时间更短,提高教学效率,减少教学成本。

关键词：恒温恒湿机；故障设置；控制电路；五位开关

正　文

一、恒温恒湿机的概述

恒温恒湿机是一种比较完善的空调设备,具有制冷、除湿、加热、加湿等功能,可以保持空气温度、湿度的调节精度,适用于精密机械、光学仪器、电子仪表等车间、计量室及科研试验室等需要恒温恒湿的场所。恒温恒湿机控制的温度、湿度精度为±1℃,相对湿度精度为10%。所谓恒温恒湿是使房间的温度和湿度在一定范围内恒定,例如,某房间要求温度为(23±1)℃,根据这一要求,房间的温度可在22~24℃的范围内波动。

1. 结构

恒温恒湿机主要由制冷系统、制热系统、加湿系统、电气控制系统四大部分组成(本文主要介绍电气控制部分)。

2. 电气控制系统

如图4-56所示,电源为工频市电；K_1~K_{20}为线路中设置的故障点,由开关代替；1~22为线码；KT_1、KT_2为时间继电器；SB为自动复位开关；FR_1、FR_2为热继电器；开关1为双位旋钮开关,开关2~开关6为三位旋钮开关；KA为中间继电器,t为温度控制器,p为高低压压力继电器；KM_1~KM_6交流接触器；SL_2为水流继电器,C_1~C_3为中间继电器；H_1~H_3为水银温度玻璃管温度计。

3. 电子电路的选用

此电路为恒温恒湿机组自动控制而设的,温度和湿度控制都是采用水银玻璃管温度计,在水银温度计的玻璃管内的水银柱上面用导线引到接线柱上,就构成带电触点的玻璃水银温度计,下端有另一根电源线,当温度升高而使水银柱上升到与上面的触点接触时,电路即断开。温度计有两种,一种是固定触点的；另一种是触点可调整的。调整触点位置一般用磁力的方法,这种水银触点温度计上的刻度分为上下两段,两段刻度的上分度值和刻度范围相同,如果需要在20℃时使电路接通,那么就将上半部分刻度的指示转到20℃,

这时下面的刻度段金属丝也刚好停在20℃,只要水银柱受热膨胀上升到20℃,水银柱就使上下两个触点接通。为了适应各种不同的控制温度和湿度,我们选用了触点可调整的水银温度计。

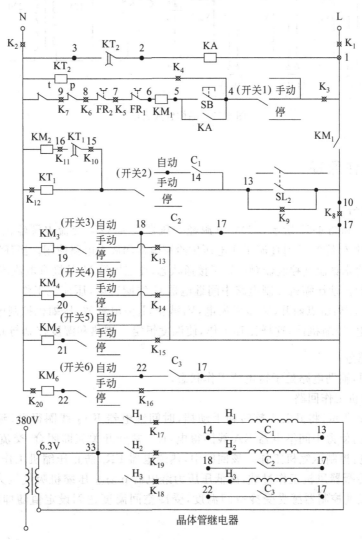

图 4-56　电气控制图

电接触水银温度计的触点一般只能安全工作在30V以内的电路中,可以通过的最大电流为20mA。在通过大电流时,水银柱会发热,产生的热量会影响测量的精确度,而且在接触点断开时会产生电弧烧坏水银柱面。因此,一般在使用电触点水银温度计时,要设法保证使通过水银柱的电流在20mA以下($I_B \approx U_{cc}/R_b$,本文选取的电阻值为1kΩ,电压为12V,输出的电流为12mA)。但是电流太小又带不动继电器工作,利用晶体管放大电路就可以解决这个矛盾。如图4-57所示,晶体管放大电路中,$V_1 \sim V_7$为三极管,$V_8 \sim V_{10}$为三极管,C为电解电容,$R_4 \sim R_6$为电阻,$J_1 \sim J_3$为小型电流继电器,$JW_1 \sim JW_3$为水银温控器。

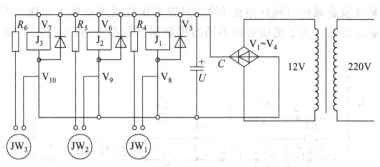

图 4-57 晶体管放大电路

二、工作原理

1. 电子部分

如图 4-56 和图 4-57 所示,220V 电源经变压器变为 12V 交流电源输出,经桥式整流电路整流后,由 C 滤波得到直流工作电压供给继电器和放大电路使用。当环境温度高于控制温度时,制冷水银温度控制器触点处于接通状态,让三极管 V_1 基极有电流流过而导通,继电器 J_1 得电吸合,使压缩机控制电路中间继电器 C_2 线圈得电,压缩机工作。当环境温度低于控制温度时,JW_1 触点断开,V_1 基极失电,V_1 截止,J_1 失电释放,压缩机控制电路中间继电器 C_2 线圈失电,压缩机停,这样循环工作,使温度恒定。制热和湿度控制与此相似。

2. 电气部分

接通电源,辅助电路处于得电待工作状态。

(1) 压缩机工作回路

如图 4-58 所示,将开关 1 旋转到手动挡,时间继电器 KT_2 线圈得电,延时 1min 后,常开触头闭合,使得中间继电器 KA 线圈得电,KA 常开开关随即闭合,交流接触器 KM_1 线圈回路通电,控制压缩机工作。该回路中,热继电器 FR_1 防止压缩机工作过载,热继电器 FR_2 防止冷凝器风机工作过载,高低压压力继电器 p 防止压缩机吸气压力过低和排气压力过高,t 温度控制器感受受冷空间温度,受冷空间温度达到设定值随即断路,压缩机停机。

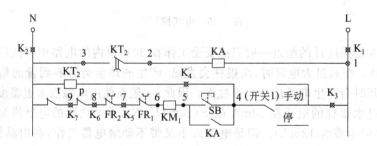

图 4-58 压缩机工作回路

(2) 加湿工作回路

如图 4-56 和图 4-58 所示,将开关 2 转到自动挡,当水银温度玻璃管温度计 H_1(实际工程中应该采用湿温度计)检测到的房间温度(湿度)与设定的温度(设定的湿球湿度)有偏差,即是送风湿度低于设定湿度,空气需要加湿。此时水银温度玻璃管温度计 H_1 通电,电气控制电路中的继电器 C_1 得电接通,时间继电器 KT_1 线圈得电计时,KT_1 常开开关延时闭合,使得交流接触器 KM_2 线圈得电,控制加湿器工作。水流计 SL_2 的作用是为了防止缺水时加湿器在空做工。当送风湿度达到要求,则水银温度玻璃管温度计 H_1 断路,使得继电器 C_1 失电,加湿器自动停止工作。将开关 2 转到手动挡则可强制加湿。图 4-59 为加湿工作回路。

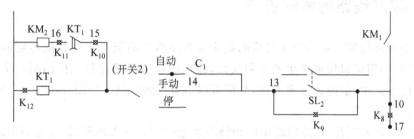

图 4-59 加湿工作回路

(3) 加热工作回路

如图 4-56 和图 4-60 所示,加热工作回路有三个不同功率的加热器,根据实际需要,可以开 1~3 个加热器。假设只开一个加热器,其工作过程是:将开关 3 转到自动挡,当水银温度玻璃管温度计 H_2 检测到的出风温度低于设定的温度,则水银温度玻璃管温度计 H_2 通电,使得电气控制电路中的继电器 C_2 得电接通,交流接触器 KM_3 线圈得电控制加热器加热。开关 3 转到手动挡则强制加热。当水银温度玻璃管温度计 H_2 检测到的出风温度达到设定的温度,回路则自动断电,加热器停止工作。其他两个加热器工作过程与此相同。

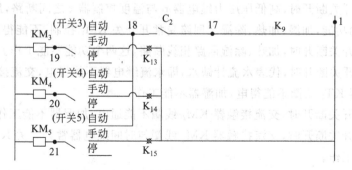

图 4-60 加热工作回路

(4) 除湿工作回路

如图 4-56 和图 4-61 所示,将开关 6 转到自动挡,当水银温度玻璃管温度计 H_3(实际工程中应该采用湿温度计)检测到的房间温度(湿度)与设定的温度(设定的湿球湿度)有偏差,即送风湿度大于设定湿度,空气需要减湿。此时水银温度玻璃管温度计 H_1 通电,电气控制电路中的继电器 C_3 得电接通,交流接触器 KM_2 线圈得电,控制除湿器工作。当 H_1 检测到湿度正常,则除湿器自动停止工作。开关6转到手动挡则强制除湿。

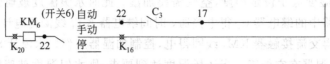

图 4-61 除湿工作回路

三、控制线路的故障设置

本文的故障设置主要是为了日后的制冷设备维修工高级实习和技能鉴定而设计的,故障设置后,不但可以增加学生的练习次数,而且还可以降低设备元件的损耗率,同时在日后的技能鉴定中,故障设置更方便,从而可以节省设置时间。如图 4-56 所示,可进行如下的故障设置。

① 当 K_1 开关断开时,总电源中的相线不得电;当 K_2 开关断开时,总电源中的零线不得电。K_1 和 K_2 开关中任意一个断开时,控制电路整个回路都不得电,则风机电动机、压缩机、电加热器、电加湿器都不能正常工作。

② 当 K_3 开关断开时,压缩机回路不能工作,按 SB 复位按钮压缩机不能点动。

③ 当 K_4 开关断开时,时间继电器 KT_2 线圈不能得电,则压缩机回路不能处于自动工作状态,但按下 SB 复位按钮压缩机可以点动。

④ 当 K_5 开关断开时,压缩机热继电器 FR_1 与风机热继电器 FR_2 之间断路,压缩机不能工作,也失去点动功能,加湿、加热、除湿三回路受常开开关 KM_1 控制,不能得电工作。

⑤ 当 K_6 开关断开时,风机热继电器 FR_2 与高低压压力继电器 p 之间断路,压缩机不能工作,也失去点动功能,加湿、加热、除湿三回路受常开开关 KM_1 控制,不能得电工作。

⑥ 当 K_7 开关断开时,高低压压力继电器 p 与温度控制器 t 之间断路,压缩机不能工作,也失去点动功能,加湿、加热、除湿三回路受常开开关 KM_1 控制,不能得电工作。

⑦ 当 K_8 开关断开时,加热、除湿回路相线断路,这两个功能不能工作。

⑧ 当 K_9 开关断开时,代表水流计缺水,即水流继电器不能得电,交流接触器 KM_2 线圈、时间继电器 KT_1 线圈不能得电,加湿器不能工作。

⑨ 当 K_{10} 开关断开时,交流接触器 KM_2 线圈不能通电,加湿器不能工作。

⑩ 当 K_{11} 开关断开时,交流接触器 KM_2 线圈与时间继电器常开开关 KT_1 之间断路,加湿器仍不能工作。

⑪ 当 K_{12} 开关断开时,时间继电器 KT_1 线圈与零线之间断路,时间继电器常开开关 KT_1 不能闭合,加湿器仍不能工作。

⑫ 当 K_{13} 开关断开,开关3转到手动挡时,交流接触器 KM_3 线圈不能通电,该加热器失去强制加热的功能。

⑬ 当 K_{14} 开关断开,开关4转到手动挡时,交流接触器 KM_4 线圈不能通电,该加热器

失去强制加热的功能。

⑭ 当 K_{15} 开关断开,开关 5 转到手动挡时,交流接触器 KM_5 线圈不能通电,该加热器失去强制加热的功能。

⑮ 当 K_{16} 开关断开,开关 6 转到手动挡时,交流接触器 KM_6 线圈不能通电,除湿器失去强制除湿功能。

⑯ 当 K_{17} 开关断开时,水银温度玻璃管温度计 H_1 与晶体管放大电路中的继电器 C_1 线圈之间断路,继电器 C_1 开关不能正常工作,加湿器失去自动加热功能。

⑰ 当 K_{18} 开关断开时,水银温度玻璃管温度计 H_3 与晶体管放大电路中的继电器 C_3 线圈之间断路,继电器 C_3 开关不能正常工作,除湿器失去自动除湿功能。

⑱ 当 K_{19} 开关断开时,水银温度玻璃管温度计 H_2 与晶体管放大电路中的继电器 C_2 线圈之间断路,继电器 C_2 开关不能正常工作,加热器失去自动加热功能。

⑲ 当 K_{20} 开关断开时,交流接触器 KM_6 线圈与电源零线断路,除湿器不能工作。

四、元件的选择

现在以 10 匹机组为设计基础。压缩机采用 7.5kW,运行电流为 19.74A;风机电动机采用 4kW,运行电流为 10.53A;加热器分别采用 3kW、6kW、9kW,运行电流分别为 7.89A、15.79A、23.68A;电热加湿器采用 3kW,运行电流为 7.89A。

① 空气开关 ZK_1 的电压为 380V,总电流 $I_{总} = \sum I_N = 85.52A$,$ZK_1 > 1.3 I_{总} = 111.18A$,选取 120A,故选用 DZ47—120。

② 控制回路中的电流取 5A,选取漏电保护开关 ZK_2 的电压为 220V,额定电流为 5A,故选用 DZ47—10。

③ 热断电器 FR_1 按照额定电流的 100% 选取,运行电流为 19.74A,选定电流为 20A。

④ 热断电器 FR_2 按照额定电流的 100% 选取,运行电流为 10.53A,选定电流为 15A。

⑤ 交流接触器 C_1(压缩机):$I = 1.3 I_N = 1.3 \times 19.74 = 26.66(A)$,选取 25A。

⑥ 交流接触器 C_2(风机):$I = 1.3 I_N = 1.3 \times 10.53 = 13.69(A)$,选取 15A。

⑦ 熔断器 RD_1:$I(主电路总电流) = (1.5 \sim 2.5) I_{max} + \sum I_N$,$I_{max} = 19.74A$,$\sum I_N = 111.18A$,可选取 150A。

⑧ 熔断器 RD_2:$I(控制辅助线路电流) = (1.5 \sim 2.5) I_{max}$,$I_{max} = 5A$,可选取 10A。

元件明细表如表 4-4 所示。

表 4-4 元件明细表

代 号	元件名称	型号与规格	数量	备注
CM	压缩机	C—1000—TWM,380V,7.5kW,1450r/min	1	
FM	风机电动机	Y112M,4kW,10.53A,380V,1440r/min	1	
ZK_1	空气开关	DZ47—120,380V	1	
ZK_2	漏电保护开关	DZ47—10,220V	1	

续表

代号	元件名称	型号与规格	数量	备注
RD_1	熔断器	RL1—150	3	
RD_2	熔断器	RL1—10	2	
FR_1	热继电器	JR16—20/3D,额定电流20A	1	
FR_2	热继电器	JR16—20/3D,额定电流15A	1	
KM_1	交流接触器	CJ20—25,线圈电压220V	1	
KM_2	交流接触器	CJ20—25,线圈电压220V	1	
KM_3	交流接触器	CJ20—25,线圈电压220V	1	
KM_4	交流接触器	CJ20—25,线圈电压220V	1	
KM_5	交流接触器	CJ20—25,线圈电压220V	1	
KM_6	交流接触器	CJ20—25,线圈电压220V	1	
R_1	电加热器	3kW	1	
R_2	电加热器	6kW	1	
R_3	电加热器	9kW	1	
RH	电加湿器	3kW	1	
$HL_0 \sim HL_7$	指示灯	AD30/11,220V,5W	8	
SBH	指示灯	AD30/11,220V,5W	1	
$DK_1 \sim DK_6$	选择开关	LA101Z—XB,220V,5A	6	
KA	中间继电器	JTX—2C,220V,5A	1	
KT	电子式时间继电器	ST3PA,220V	1	
p	高低压压力继电器	YK306,220V,5A	1	
SL	水流继电器	LKB—01,220V	1	
B	变压器	220V/12V,5A	1	
$V_1 \sim V_4$	二极管	IN4001	4	
$V_5 \sim V_7$	二极管	IN4001	3	
$V_8 \sim V_{10}$	三极管	C9013,耗散功率为450mW	3	
C	电解电容	25V,220μF	1	
$J_1 \sim J_3$	小型电流继电器	JZC—23F(4123),12V	3	
$R_4 \sim R_6$	电阻器	1kΩ,1/8W	3	
$H_1 \sim H_3$	水银温度计	—	3	
SB	复位按钮	LA19—11D,带指示灯	1	
	主电路导线	BVR—4,4mm²	若干	
	控制电路导线	BVR—1,1mm²	若干	
	接地线	BVR—1.5,1.5mm²	若干	
	端子板	JD0—1012,220V,10A,12节	1	

恒温恒湿机和故障设置开关的实物图如图 4-62 和图 4-63 所示。

图 4-62　恒温恒湿机

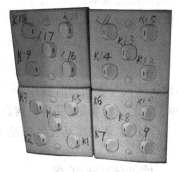

图 4-63　故障设置开关

五、总结

本控制电路减少了元件的损耗，降低了教学成本，提高了学生的实习效率。总体来说，本设计具有实用、损耗率低、操作性强、故障设置更加合理、快捷等特点。通过本次的毕业设计，使我们这几年在学校中学到的知识得到了一次汇总，为即将到社会参加工作打下了扎实的基础。

注：本毕业设计题目来源于制冷设备维修工技能鉴定题库。

作品点评

该作品是制冷设备维修专业学生的毕业设计作品，来源于技能鉴定题库，是对实操题目的改良。设计者介绍了恒温恒湿机控制电路的工作原理、元件的选择和控制电路的故障设置三个方面的内容。在原有控制原理上增加故障设置按钮，用五位开关控制电路的通断，使故障设置更加合理、更加快捷，从而提高了学生的实习效率，加深了学生对中小型设备控制电路的熟悉程度，也加强了学生的动手能力，使其通过对设备运行进行分析、分类控制、故障设置、检查和排除等，达到了更专业的水平。

该设计中采用一系列的五位开关设置故障点，根据五位开关触点的通和断，控制电路上某一支路的通和断，从而达到合理设置故障、节约实习时间、节省教学成本的目的，使技能鉴定考核故障设置更加方便明了。

实例七　学校 50 周年纪念徽章冲压模设计

摘　要

模具是现代加工行业中的基本工艺装备，模具技术水平已成为衡量一个国家制造业水平的重要指标。2008 年，对于广州市机电高级技工学校来说，是一个有特别意义的年份。2008年12月20日,广州市机电高级技工学校迎来了50周岁,全校同庆,为了纪念这个特殊的日子,我们几经讨论,最后一致决定借毕业设计来制作一套冲压模,用于加工学校50周年纪念徽章。

关键词:纪念徽章;冲压模;模具

正 文

本设计体现先进性和前瞻性,所涉及的知识包括冲压成型基本原理、冲压工艺方案的确定、冲压工艺规程编制、模具结构设计、模具材料的选择、压力机的选择、模具制造方法。通过这次设计,能掌握模具设计的基本方法和基本理论。

一、毕业设计任务

经过小组的讨论,我们设计了模具要冲压的成品图案,如图4-64所示。

本图案包括广州市机电高级技工学校的校徽图案(如图4-65所示)和50周年标志以及学校的立校理念——职业理想,机电领航。

图4-64 50周年纪念徽章

图4-65 校徽

二、零件的工艺分析

根据设计实物外形,得到作品图样,如图4-66所示。

① 材料:该冲压拉深件的材料为黄铜片,具有非常好的可冲压性能。

② 零件结构:该冲裁件结构简单,并在转角有四处圆角,分别为两个$R6$及两个$R9$,比较适合冲裁。

③ 尺寸精度:零件图上所有未注公差的尺寸属自由尺寸,可按IT14确定工件尺寸的公差。

④ 挤压力与压力机的选择。

由于挤压时要求金属处于三向应力状态,因而所需的挤压力是相当大的。影响挤压力的因素主要有:挤压方式和速度、坯料机械性能和尺寸、变形程度、模具几何形状以及润滑情况等。

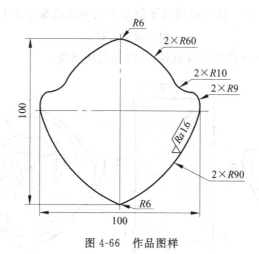

图 4-66　作品图样

挤压力的计算目前一般采用图解法,即根据被挤材料的种类、挤压方式、变形程度以及坯料尺寸等已知数据,直接从图表中查出挤压力或单位挤压力。图解法所用图表可以从冷挤压手册中查到。本模具选用 60t 的冲压力。

所选压力机的公称压力必须大于总冲压力,即 $F_{压} > F_{总}$。

压力机的行程大小应适当。由于压力机的行程影响模具的张开高度,因此对于冲裁、弯曲等模具,其行程不能过大,以免发生凸模与导板分离或滚珠导向装置脱开的不良后果。对于拉深模,压力机的行程至少应大于成品零件高度的两倍以上,以保证毛坯的放入和成型零件的取出。

所选压力机的最大高度应与冲模的闭合高度相适应,即满足冲模的闭合高度介于压力机的最大闭合高度和最小闭合高度之间的要求。

压力机工作台面的尺寸必须大于模具下模座的外形尺寸,并且要留有安装固定的余地。但在过大的工作台面上安装过小尺寸的冲模时,对工作台的受力条件也是不利的。

三、成型零件的设计

1. 凸、凹模工作部分尺寸计算

拉深件尺寸精度高低主要取决于最后一道拉深工序的凸、凹模尺寸,而与中间过渡工序尺寸无关。因此对于中间过渡工序,可以直接取工件尺寸作为模具工作部分尺寸。对于最后一道工序,则要根据工件内(或外)尺寸要求和磨损方向确定凸、凹模工作尺寸及公差,如图 4-67 所示。

2. 模具拉深部分设计

在拉深过程中,凸模变形区是否起皱主要取决于材料相对厚度 t/D 和拉深系数 m 的大小。如果材料相对厚度较小,拉深系数也较小,凸缘便会起皱。为了防止凸缘起皱,必须用压边圈压住。生产中一般可以用以下简单公式判断凸缘不会起皱的近似值：

$$D - d \leqslant 22t$$

式中：D 代表毛坯直径；d 代表工件直径；t 代表毛坯厚度。

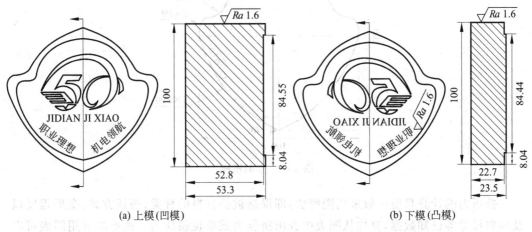

(a) 上模(凹模)　　　　　　　　　(b) 下模(凸模)

图 4-67　凸、凹模工作部分尺寸计算

四、其他零件的设计说明与选用

1. 上模板

如图 4-68 所示，上模板用于固定上模，确定上模在上模组件中的位置，使得模具在工作过程中，上、下模有足够的定位。

2. 下模板

如图 4-69 所示，下模板用于在水平方向上固定下模，确定下模在下模组件中的位置，使得模具在工作过程中，上、下模有足够的定位。

图 4-68　上模板　　　　　　　　　图 4-69　下模板

3. 导套与导柱

如图 4-70 所示，导套与导柱用于活动作业的机械定位，能够保证上、下模具的形位精度。导套是为上、下模座相对运动提供精密导向的管状零件，多数固定在上模座内，与固定在下模座的导柱配合使用。

4. 销钉

销钉是为了使模具相邻两部分得到准确的定位,这里我们采用直径为 8mm 的圆柱销。

5. 垫板

如图 4-71 所示,垫板用于补充上模的高度。

图 4-70　导套与导柱　　　　　　图 4-71　垫板

6. 上模座

如图 4-72 所示,上模座是上模最上面的板状零件,用于固定导套座、垫板及上模板。工作时,上模座紧贴压力机滑块,并通过模柄或直接与压力机滑块固定。

7. 下模座

如图 4-73 所示,下模座是下模底面的板状零件,用于固定导套座和下模板,以及放置垫胶。工作时直接固定在压力机工作台面或垫板上。

图 4-72　上模座　　　　　　图 4-73　下模座

8. 垫胶

垫胶用于卸力。模具在工作过程中,上模组件往下移动,在与下模接触的瞬间,产生巨大的压力,容易使接触零件(下模与上模)产生裂纹,为了防止这种情况的发生,宜在下模设置相应的卸力机构,这里选用放置垫胶。

五、模具的冲压过程

1. 工作前准备

如图 4-74 所示,把上模座 1 与压力机的工顶(压力机滑块)连接,下模座与压力机的工作台面连接,材料置于下模上表面。

2. 工作运动

如图 4-74 所示,工顶带动上模组件(由上模座 1、上模板 2、导套座 3、上模 7 组成)往下运动→上模与材料接触后材料被上模与下模挤压成型→工顶带动上模组件往上运动→人工取成品。

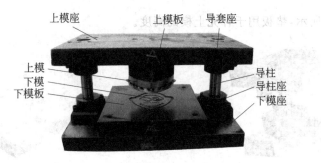

图 4-74　模具结构图

3. 成品处理

人工打磨,修理成品。

4. 实物图

冲压作品及上、下模实物图如图 4-75 所示。

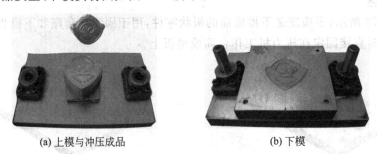

(a) 上模与冲压成品　　　　　　(b) 下模

图 4-75　冲压成品及上、下模实物图

六、总结

从确定设计课题、拟订设计方案、进行设计过程到毕业答辩都按照毕业设计的工作计划进行。

1. 充分调研

在选好毕业设计的课题和保证毕业设计的质量与应用的前提下,特别为纪念我校 50 周年而设计,为此进行了方案的收集。

2. 反复磋商,确定设计方案

对所有可能实现的方案进行筛选,确保方案的意义性、可行性、实用性、新颖性,务求使这个毕业设计做到尽善尽美。

3. 虚心请教，认真做好毕业设计的每一步

在毕业设计的过程中，大到整体设计，小到细致部分、遇到的疑惑、可能出现的问题、每个步骤和设计过程中应注意的事项，导师都非常耐心地进行辅导，对设计中的每个步骤反复审核，减少出错的概率，务求精益求精。

4. 完善设计，准备答辩

完整的设计包括设计图样和设计说明书等技术文件。根据设计任务书要求，全面检查所学过的设计技术资料，按照导师的要求，认真地对图样进行修改，对设计说明书进行修改。

作 品 点 评

该作品是模具设计与制造专业学生的毕业设计作品，适逢一个特别意义的纪念年份，为了纪念这个特殊的日子，制作出这样的纪念徽章，很有创意。本次毕业设计采用这个题目，既密切联系实际，又有利于提高学生综合运用所学知识解决实际问题的能力。

该课题从实际出发，充分利用现有设备，学生除了应具有一定的工艺知识和普通机床操作经验，还应了解数控机床的结构特点、工作原理，以及具有程序编制和实际操作能力。

本课题包含了工程材料、机械设计、公差与配合、制造工艺、机床与刀具、数控技术、计算机辅助设计等方面的内容，是综合性较强的课题。设计新颖，工艺分析和制订合理，符合实际。在纪念徽章毕业设计中，学生完整体验了模具加工的全过程，是学生毕业前的很好锻炼。

通过完成本课题，还培养了学生获取信息，分析、解决实际问题的能力，培养了学生严谨、实事求是的工作态度和作风，为他们今后适应岗位需求和发展打下了良好的基础。

实例八　先进技术的脸谱设计

摘　要

随着全球市场一体化的形成，制造业的竞争十分激烈，产品的开发速度日益成为市场竞争的主要矛盾。在这样的形势下，传统的大批量、刚性的生产方式及其制造技术已不能适应要求。另外，一个新产品在开发过程中，总是要经过对初始设计的多次修改，才能真正推向市场。因此，产品开发的速度和制造技术的柔性就变得十分关键，客观上需要一种可以直接将设计资料快速转化为三维实体的技术。

快速原型制造（Rapid Prototyping Manufacturing，RPM）技术，也称快速成型技术，就是在这种社会背景下出现的。本设计基于三维激光扫描技术、逆向造型技术、快速成型技术及产品后处理技术，通过一系列的程序，制造出合符人体工学的脸谱产品，为教育、医疗、考古等领域服务。

关键词：创新；先进；快速成型；逆向工程

正 文

逆向工程是在没有设计图样或者设计图样不完整以及没有 CAD 模型的情况下，按照现有零件的模型，利用各种数字化技术及 CAD 技术重新构造 CAD 模型的过程。近年来发展起来的消化、吸收和提高先进技术的一系列分析方法和应用技术的组合，其主要目的是为了改善技术水平，提高生产率，增强经济竞争力。

一、设计内容

本设计主要运用 MAXscan 激光扫描仪、北京殷华 MEM320A 快速成型机、Geomagic Studio 9 软件和 UG NX 6.0 软件实现。

1. MAXscan 激光扫描仪

MAXscan 激光扫描仪如图 4-76 所示。

图 4-76　MAXscan 激光扫描仪

（1）基本工作原理

MAXscan 激光扫描仪通过一个激光二极管发出一束光线，照射到一个旋转的棱镜或来回摆动的镜子上，反射后的光线穿过阅读窗照射到条码表面，光线经过条或空的反射后返回阅读器，由一个镜子进行采集、聚焦，通过光电转换器转换成电信号，该信号将通过扫描仪或终端上的译码软件进行译码。

（2）功能及应用

MAXscan 激光扫描仪是实现逆向工程和检测功能的强大设备，是集激光测量扫描与内置式的照相测量功能合二为一，此款最新型的手持式三维激光扫描仪专为实现一个用途：以前所未有的高精度对大型工件进行数据采集，在操作过程中无须"蛙跳"或多次重建参考点，可避免累积误差。另外，其激光扫描完全是一站式测量，无须连接额外的跟踪和定位装置。

其应用领域如下。

逆向工程：表面重建、3D 建模、工具和夹具开发、维护、修理和大修（MRO）、有限元分析（FEA）。

检测：非接触式检测、首件检测、供应商质量检测、部件到 CAD 检测、3D 模型与原始部件一致性评估。

其他应用：3D归档、复杂形状获取、尺寸归档、损伤评估、数字模型和原型、包装设计和快速成型。

（3）技术参数

MAXscan激光扫描仪的技术参数如表4-5所示。

表4-5 MAXscan激光扫描仪的技术参数

重量（weight）	1270g（2.80lb）
尺寸（dimensions）	172mm×260mm×216mm（6.27in×10.2in×8.5in）
扫描速度（measurements）	约36000点/s
激光等级（laser class）	Ⅱ类（对视力无害）
精度（accuracy）	可达0.05mm（0.002in）
ISO精度	20μm+0.2L/1000
景深（depth of field）	30cm（12in）
文件格式（output file formats）	dae，obj，ma，ply，stl，txt，wrl，x3d，x3dz，zpr

2. 北京殷华MEM320A快速成型机

北京殷华MEM320A快速成型机如图4-77所示。

其特色详细说明如下：

① 工艺无需激光，降低运行成本，且造型速度快；在现有快速成型设备中运行费用最低。

② 设备以数控机床原理设计，刚性好，运行平稳。

③ X、Y轴采用精密伺服电动机驱动，精密滚珠丝杠传动，精密滚珠直线导轨导向。

图4-77 北京殷华MEM320A快速成型机

④ 特有填充路径网格优化设计技术，使原形表面质量更高。

⑤ 系统软件可以对STL格式原文件实现自动检验、修补功能。

⑥ 丝材宽度自动补偿技术，保证零件精度。

⑦ 丝材成型后的可打磨性好，易于后期精加工。

⑧ 挤压喷射喷头无流涎、高响应。

⑨ 高质量元器件及传感系统，具有报警装置，可靠性高，可长时间连续运行。

⑩ 精密微泵增压系统控制的远程送丝机构，确保送丝过程持续、稳定。

⑪ 快速切换喷嘴结构，便于保养、维修及更换。

⑫ 设备运行过程无毒、无味、无噪声。

3. Geomagic软件

Geomagic是一家世界级的软件服务公司，许多专业人士在使用Geomagic软件。

Geomagic 旗下产品有 Geomagic Qualify、Geomagic Studio 等。

  Geomagic Qualify 建立了 CAD 和 CAM 之间所缺乏的重要联系纽带，可实现完全数字化的制造环境。它在 CAD 模型与实际构造部件之间实现了快速、易懂的图形比较，可用于首件检验、线上检验或车间检验、趋势分析、2D 和 3D 几何测量以及自动报告等，如图 4-78 所示。

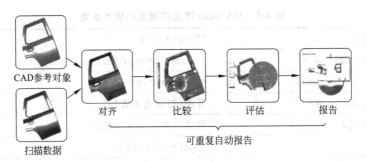

图 4-78　Geomagic Qualify 的自动报告过程

  Geomagic Studio 是 Geomagic 公司产品的一款逆向软件，可根据任何实物零部件通过扫描点点云自动生成准确的数字模型。作为自动化逆向工程软件，Geomagic Studio 还为新兴应用提供了理想的选择，如大批量定制生产，即定即造的生产模式以及原始零部件的自动重造。Geomagic Studio 可以为 CAD、CAE 和 CAM 提供完美的补充，它可以输出行业标准格式，包括 STL、IGES、STEP 和 CAD 等众多文件格式。

  本作品使用 Geomagic Studio 9 软件制作。Geomagic Studio 9 软件的界面如图 4-79 所示。

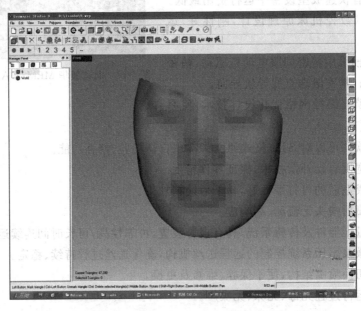

图 4-79　Geomagic Studio 9 软件界面

4. UG NX 6.0 软件

Unigraphics Solutions 公司(简称 UGS)是全球著名的 MCAD 供应商，主要为汽车、航空航天、通用机械等领域通过其虚拟产品开发(VPD)的理念提供多极化的、集成的、企业级的，包括软件产品与服务在内的完整的 MCAD 解决方案。UG NX 软件属于 UGS 公司。

UGS 从 1990 年进入中国以来，在国内发展迅速，用户超过 3500 个，特别是在广东省和浙江省沿海城市更是应用广泛。

UG NX 6.0 软件的界面如图 4-80 所示。其参数化建模技术是，用几何约束、工程方程与关系说明产品模型的形状特征，从而达到设计一簇在形状或功能上具有相似性的设计方案。目前能处理的几何约束类型基本上是组成产品形体的几何实体公称尺寸关系和尺寸之间的工程关系，因此参数化造型技术又称尺寸驱动几何技术。其特点是，当修改零件的几何形体的某一数据后，与之对应的一切相关数据(零件图形、尺寸标注和含有该零件的总成等)都将自动改变，从而充分保证了设计数据的一致性，大大提高了相似零件的生成速度。

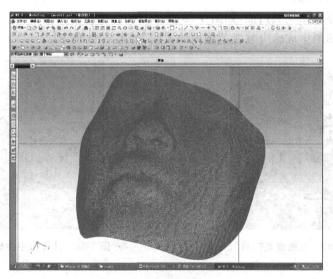

图 4-80　UG NX 6.0 软件界面

二、设计流程

1. 用手持式三维激光扫描仪进行扫描

(1) 三维激光扫描前的准备工作

① 在人脸上均匀地贴上感应装置，如图 4-81 所示。

② 感应装置分布时特别要注意曲面凹凸之间的三角面处，如图 4-82 所示。

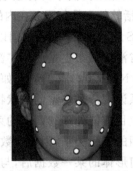

图 4-81　贴感应装置　　　　　　　图 4-82　感应装置的分布

(2) 三维激光扫描

① 缓慢而有序地全面扫描，如图 4-83 所示。

② 计算机即刻生成感应装置范围内的人脸，如图 4-84 所示。

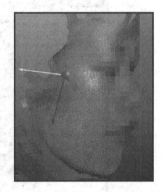

图 4-83　三维激光扫描　　　　　　图 4-84　计算机中生成的人脸

2. 软件后处理

运用 Geomagic Studio 9 软件和 UG NX 6.0 软件对扫描生成的图片进行后处理。

① 将扫描后的数据文件导入 Geomagic Studio 9 软件进行修正，如图 4-85 所示。

② 将 Geomagic Studio 9 软件修正后的文件导入 UG NX 6.0 软件再进行数据优化处理，如图 4-86 所示。

③ UG NX 6.0 软件对产品优化后，导出生成 STL 文件，再进行快速成型，如图 4-87 所示。

3. 快速成型产品

① 把转换后的数据导入快速成型专用软件进行定位设置，如图 4-88 所示。

② 用快速成型专用软件对产品进行分层设置，如图 4-89 所示。

③ 对产品进行模型分层并添加辅助支撑，如图 4-90 所示。

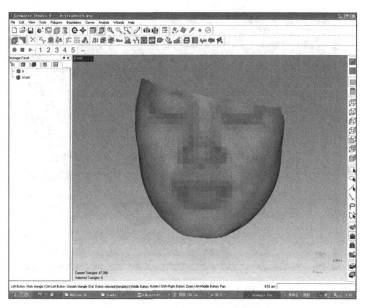

图 4-85　导入 Geomagic Studio 9 软件

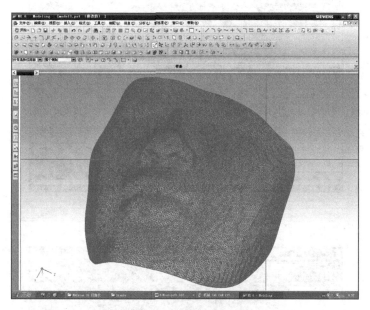

图 4-86　导入 UG NX 6.0 软件

④ 打印模型参数设置,如图 4-91 所示。
⑤ 三维打印模型,如图 4-92 所示。
⑥ 打印完成,统计材料及时间损耗,然后做后续工作,如图 4-93 所示。

4. 产品后处理

① 三维打印完成后,对产品进行去除支撑工作,如图 4-94 所示。

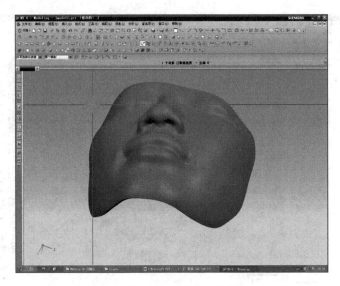

图 4-87　导出生成 STL 文件

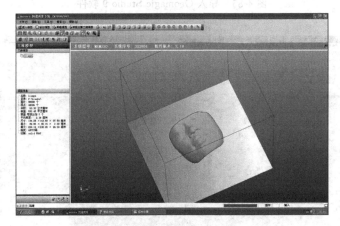

图 4-88　定位设置

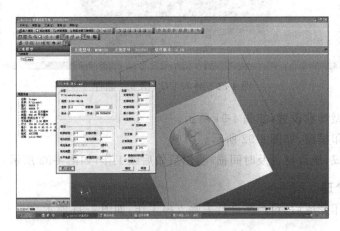

图 4-89　分层设置

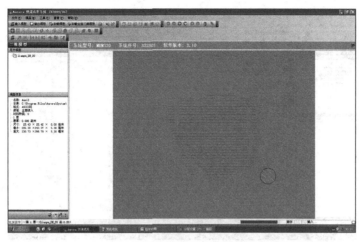

图 4-90　模型分层及添加辅助支撑

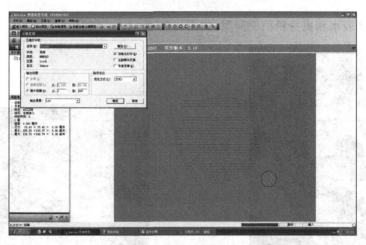

图 4-91　打印模型参数设置

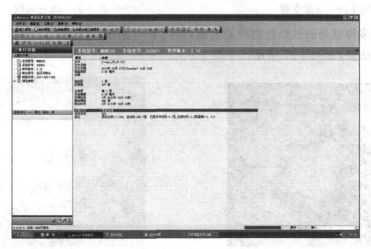

图 4-92　打印模型

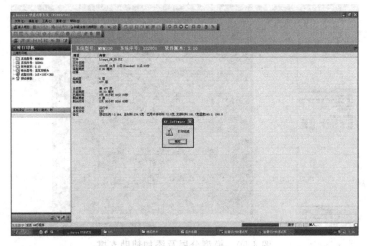

图 4-93　打印完成

② 用 502 胶水和爽身粉填充间隙,如图 4-95 所示。

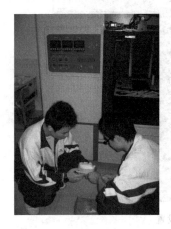

图 4-94　去除支撑

图 4-95　填充间隙

③ 运用多种型号的砂纸打磨产品表面,如图 4-96 所示。

④ 最后成品,如图 4-97 所示。

图 4-96　打磨产品表面

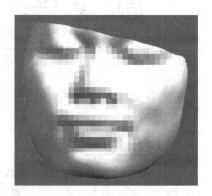

图 4-97　最后的成品

三、结论

① 应用在先进设计与扫描测量领域的三维激光手持式扫描仪对人体进行扫描,为医疗行业,如扁平颅治疗、创伤护理、美学假体等带来巨大潜力。通过替代或省去传统模式中一些步骤,可缩短周期,使各个过程顺利进行,让病人无须担忧。

② 应用先进设计领域的 Geomagic、UG 等软件对扫描的数据进行修整并改良曲率,结合应用代表先进制造的快速成型技术制作产品,具有划时代意义。

在当今社会极需培养高技能人才的形势下,懂得如何从学习、生活、参与设计工作中吸收先进设计理念并应用于实际中,是我们年青一代继续总结、继续努力的方向。

作 品 点 评

该作品是模具与数控技术应用专业(逆向工程与快速成型方向)学生的毕业设计作品。制作过程中,工作量不算大,但是很有现实意义。学生完整体验了模具加工的全过程,是学生毕业前的很好锻炼。

实例九 整体叶轮加工

摘　　要

整体叶轮广泛应用于离心式压缩机中唯一对气流做功的元件,是转子上的最主要部件。整体叶轮的结构与形状复杂,叶片薄,曲面扭曲,叶片间距小,因此,整体叶轮的制造有很大的困难。五轴联动数控加工具有柔性、高效、精确等优点,已经成为整体叶轮加工常用方法之一。利用五轴联动加工中心制造整体叶轮,加工工艺与编程是其关键技术。本文尝试以整体叶轮的数控加工为例,阐述五轴联动加工叶轮的加工工艺拟定及数控程序编制过程。

关键词:多轴技术;多轴机床;叶轮加工;五轴编程

正　　文

整体叶轮广泛用于航空、航天等领域,是压缩机和推进器的重要零件。其制造质量直接影响着空气动力性能和机械效率。因此,如何正确选择加工工艺和编制加工程序,是提高发动机性能的一个关键环节。因其精度要求高,制造难度大,一直是数控加工领域具有挑战性的课题之一。表 4-6 为整体叶轮常见类型及其加工难点。

表 4-6 整体叶轮常见类型及加工难点

说明	图片
名称：叶轮（汽轮机）； 直径：150mm； 加工难点：壁薄（0.8mm），叶片较深（65mm）	
名称：鼓风机叶轮； 直接：1045mm； 材料：不锈钢； 加工难点：直径较大，常规机床难以加工	
名称：分流叶轮； 直径：350mm； 加工难点：表面光洁度较高，常规工艺难以满足加工要求	
名称：中央空调转子； 直径：1050mm； 加工难点：不锈钢材质，体积大，较高转速测试； 刀具损耗大	

　　本文选取的叶轮类型为普通分流叶轮，如图 4-98 所示。这种叶轮由 9 个主叶片和 9 个分流叶片组成，直径为 133.53mm，叶片最小厚度为 1mm。其加工难点为：表面光洁度要求较高，叶边角过大，叶片与分流叶片间隔小，常规工艺难以满足加工要求，需要采用五轴联动加工方式加工。目前，我国大多数生产叶轮的厂家多采用国外大型 CAD/CAM 软

件,本文拟采用英国 Delcam 公司旗舰产品 Delcam Powermill 进行编程,并采用德国 DMG 公司 DMU 60 monoBlock 五轴联动加工中心进行加工。

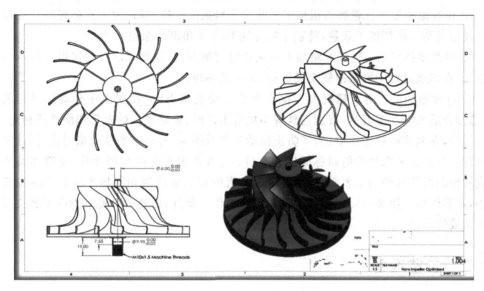

图 4-98　分流叶轮工程图及 3D 模型效果图

一、工艺分析

对于整体叶轮的加工,工艺制定人员需要对叶轮的构造以及相关的知识有一定了解。叶轮是压气机的一种关键元件,压气机的作用是通过外界供给的机械功连续不断地使气体压缩并传输出去。气体经过进气管进入工作轮,在工作轮中气体因受叶片的作用力而使压力升高,速度增加。对叶轮有如下要求。

① 气体流过叶轮时损失要小,即气体流经叶轮的效率要高。

② 叶轮形式能使整机性能曲线的稳定工况区及高效区范围较宽。

因此,叶轮的加工难点是叶片型面的加工和轮毂面的加工。早期的叶轮制造方式有:铸造成型后修光、石蜡精密铸造,电火花加工等方法,甚至利用三坐标仿形法。但是以上几种方法加工效率、加工精度以及叶轮的力学性能差强人意。五轴加工技术的广泛应用解决了这些问题。

本文所加工分流叶轮,其叶片曲面为自由曲面,曲率变化大,叶轮流道狭窄,极易发生加工刀具与叶片碰撞干涉的问题。另外,叶片厚度较小,最小叶片厚度为 1mm,在加工过程中容易引起振动,影响表面加工质量。

根据前文提到的叶轮特点以及该分流叶轮的特征,拟安排该分流叶轮数控加工工艺及各工序特点如下:

① 叶轮粗加工。快速去除零件大部分多余材料,在保证整体叶轮制造质量的前提下,效率是非常重要的指标。

② 叶片半精加工。实际加工测量表明,叶轮在粗加工后,往往由于粗加工过程中材

料内部应力释放,造成应力变形,影响叶轮的外形尺寸,因此,为了严格保证叶轮尺寸精度及预留均匀的精加工余量,必须在粗精加工之间安排半精加工。

③ 轮毂面粗加工。轮毂面粗加工同叶片半精加工一样,都是为了严格保证叶轮尺寸精度及预留均匀的精加工余量,特别是叶片底部的 R 角部分余量。

④ 轮毂面精加工。轮毂面精加工采用往复切削方式,使加工沿叶轮流道方向双向往复加工,在切削过程中顺铣逆铣交叉进行,加工效率较高。

⑤ 叶片精加工。由于精铣加工存在不稳定切削状态,应在些工序合理选择切削参数,选择合适的精加工刀具,特别当具有小批量生产时,要求加工的刀具切削性能稳定。

另外,在整体叶轮工作中,为了防止振动并降低噪声,对动平衡性要求很高,因此在加工过程中要综合考虑叶轮的对称问题。在进行 CAM 编程时可利用叶片、流道等关于叶轮旋转轴的对称性的加工表面,采用对某一元素的加工完成对相同加工内容不同位置的操作,本案例即采用圆形阵列加工刀路的方式操作。此外,还要尽可能减少由于装夹或换刀所造成的误差。

二、工艺准备

1. 机床准备

常见的五轴机床结构,按旋转轴的安放位置分类主要分为三种:双摆头式(Head-Head)、双翻转工作台式(Table-Table)、单摆头加回转工作台式(Table-Head)。不同结构的五轴机床,其加工的适用范围有一定的区别。

双翻转工作台式如图 4-99 所示,通过工作台的旋转和翻转实现五轴联动加工,通常被用于小型五轴机床。由于是工作台转动,所以节省了 X、Y、Z 轴的线性行程。这类机床通常适合加工小型工件,例如叶轮、模具。

图 4-99 双翻转工作方式

双摆头式如图 4-100 所示,通过主轴头在两个方向上的旋转实现五轴联动加工。这种形式通常被用于龙门式大型机床或具有较大行程的立式加工中心上。这种机床通常用于加工飞机零部件,汽车模具等大型复杂工件。

单摆头加回转工作台式如图 4-101 所示。为一个旋转工作台和一个旋转主轴头的机床。这种形式通常被用于中、小型机床,适合加工回转体式的工件,例如轮胎模具、中小型叶轮。

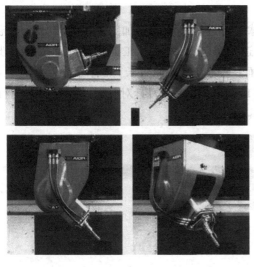
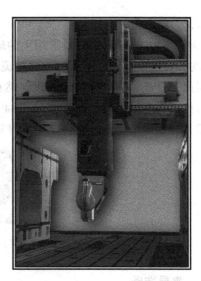

图 4-100 双摆头式

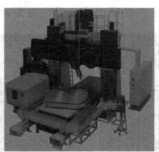

图 4-101 单摆头加回转工作方式

根据加工需求，该叶轮的最佳加工方案应该是采用 Table-Table 型五轴机床加工，但由于现有设备的限制，拟采用广州市机电技师学院实践中心的五轴联动加工中心的机床加工。该机床为德国原装进口，型号为 DMU 60 monoBLOCK，如图 4-102 所示。根据旋转轴的安放位置归类，应当属于 Table-Head 型五轴机床。

图 4-102 DMU60 monoBLOCK

2. 刀具准备

为提高加工效率，应尽量选用大的球头刀进行叶片的粗加工。由于该分流叶轮叶片曲面均为自由曲面，曲率变化大，叶轮流道狭窄，极易发生加工刀具与叶片碰撞干涉的问题，因此刀具必须伸出足够的长度。然而，一旦刀具悬伸过长，又将导致刀具刚性不足。因此，该案例中拟采用热缩刀柄（如图 4-103 所示），夹持刀具对叶轮叶片及轮毂进行精加工，刀具全部采用整体硬质合金涂层刀具。

图 4-103　热装刀柄

3. 夹具准备

工装的基本要求是安全可靠，体积小、质量轻，以减小加工时的惯性力矩对工件加工精度的影响，装卸工件简便快捷。根据需要，设计并完成夹具的制作，如图 4-104 所示。

 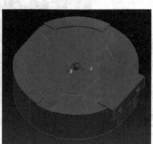 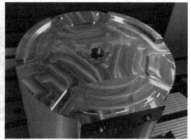

图 4-104　工装设计效果图及实物图

4. 检具准备

对于整体叶轮这种复杂型面零件的检测，采用传统的手工方式无法确定其粒度，主要采用三坐标测量机进行型面数据检测，然后将采集到的数据与几何模型进行比较得到检测结果。

5. 软件准备

复杂型面零件的数控加工，由于数据烦琐，一般采用通用 CAM 自动编程软件，利用软件提供的各种加工策略进行编程。本案例采用英国 Delcam 公司开发的最新 Delcam PowerMill 2012 进行自动编程。PowerMill 功能齐备，加工策略极其丰富，广泛用于工业领域。独有的最新 5 轴加工策略，加上其计算速度极快，极大的灵活性，先进的加工切削实体仿真，可节省机床实际试切的加工成本。特别是 Powermill 专门针对叶轮、叶片和螺旋桨零件加工编程系统提供了一系列刀具路径模板策略，自动生成 3 轴、3＋2 轴和 5 轴联动粗加工和精加工刀具路径。用户仅需进行简单的设置，即可生成高效、无碰撞和的叶轮、叶片和螺旋桨零件加工路径。

三、工艺过程（数控编程）

根据分析得出的加工工艺，结合加工经验，列出该分流叶轮工艺过程卡片如表 4-7 所示。

表 4-7 分流叶轮工艺过程卡片

工艺过程卡片		零件名称	分流叶轮		共 页
材料牌号	铝材	毛坯种类	锻压坯料		第 页
序号	工序名称	工序内容			备注
1	叶轮粗加工	快速去除零件多余材料			
2	叶片半精加工	保证叶片精加工时余量均匀			
3	轮毂面半精加工	保证轮毂精加工时余量均匀			
4	轮毂面精加工	轮毂面精加工至图样要求			
5	叶片精加工	大叶片和分流叶片精加工至图样要求			

根据该分流叶轮加工工艺需求，利用 PowerMill 中专门针对叶盘的加工策略，逐步完成对该零件的刀具路径编制，如图 4-105 所示。

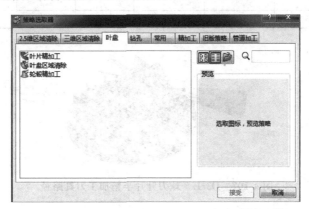

图 4-105 PowerMILL 加工策略选取器

工序 1 叶轮粗加工（叶盘区域清除策略）。

分别使用 D6r3 球刀、D4r2 球刀、D3r1.5 球刀进行粗加工。采用叶盘区域清除策略，工序内容以及部分参数设置如表 4-8 所示。生成的刀具路径如图 4-106(a)、(b)、(c) 所示。

表 4-8 叶轮粗加工工步卡

序号	工步内容	刀具名称	主轴转速/ (r/min)	切削速度/ (mm/min)	行距/ mm	切深/ mm	加工余量/ mm	备注
1	叶轮粗加工	D6r3 球刀	10000	4000	2.2	2	0.3	图
2	叶轮粗加工	D4r2 球刀	12000	3500	1.5	1.3	0.3	
3	叶轮粗加工	D3r1.5 球刀	15000	3500	1.0	0.6	0.3	

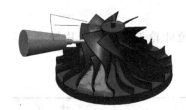  

(a) D6r3 球刀粗加工刀具路径　　(b) D4r2 球刀粗加工刀具路径　　(c) D3r1.5 球刀粗加工刀具路径

图 4-106 球刀粗工刀具路径

叶片半精加工（叶片精加工策略）。

使用 D3r1.5 球刀进行叶片的半精加工。采用叶片精加工策略，工序内容以及部分参数设置如表 4-9 所示。生成的刀具路径如图 4-107 所示。

表 4-9 叶轮叶片半精加工工步卡

工步内容	刀具名称	主轴转速/ (r/min)	切削速度/ (mm/min)	行距/ mm	切深/ mm	加工余量/ mm	备注
叶片半精加工	D3r1.5 球刀	15000	3500	5.0	1.0	0.13	

图 4-107 D3r1.5 球刀叶片半精加工刀具路径

轮毂面半精加工（轮毂精加工策略）。

使用 D3r1.5 球刀进行轮毂面的半精加工。采用轮毂精加工策略，工序内容以及部分参数设置如表 4-10 所示。生成的刀具路径如图 4-108 所示。

表 4-10 叶轮轮毂面半精加工工步卡

工步内容	刀具名称	主轴转速/(r/min)	切削速度/(mm/min)	行距/mm	切深/mm	加工余量/mm	备注
轮毂半精加工	D3r1.5 球刀	15000	3500	1.0	1.0	0.1	

图 4-108 D3r1.5 球刀轮毂半精加工刀具路径

轮毂面精加工(轮毂精加工策略)。

使用 D3r1.5 球刀进行轮毂面的精加工。采用轮毂精加工策略,工序内容以及部分参数设置如表 4-11 所示。生成的刀具路径如图 4-109 所示。

表 4-11 叶轮半精加工工步卡

工步内容	刀具名称	主轴转速/(r/min)	切削速度/(mm/min)	行距/mm	切深/mm	加工余量/mm	备注
轮毂面精加工	D3r1.5 球刀	15000	3500	0.15	1.0	0	

图 4-109 D3r1.5 球刀轮毂面精加工刀具路径

叶片精加工(叶片精加工策略)。

分别使用 D6r3 球刀和 D3r1.5 球刀进行叶片的精加工。采用叶片精加工策略,工序内容以及部分参数设置如表 4-12 所示。生成的刀具路径如图 4-110(a)、(b)所示。

表 4-12 叶轮叶片精加工工步卡

序号	工步内容	刀具名称	主轴转速/(r/min)	切削速度/(mm/min)	行距/mm	切深/mm	加工余量/mm	备注
1	叶片精加工	D6r3 球刀	12000	3500	5.0	0.2	0	
2	叶片精加工	D3r1.5 球刀	15000	3500	5.0	0.15	0	

(a) D6r3 球刀叶片精加工刀具路径　　　　　(b) D3r1.5 球刀叶片精加工刀具路径

图 4-110　两种球刀叶片精加工刀具路径

四、注意事项

① 注意刀轴的控制，利用 Delcam Powermill 的刀具路径检查功能，每一条加工路径均仔细检查有过碰撞、过切现象，避免发生干涉，合理设置刀具路径的切入与切出。加工过程如图 4-111 所示。

图 4-111　工艺过程（数控编程）

② 注意合理使用刀具，适当的刀具悬伸长度，避免因刀具过长，影响叶片表面加工质量。可利用 Delcam PowerMill 的自动计算刀具长度功能，计算最佳刀具悬伸，既最大限度地保证刀具刚性，又不至于因刀具过短导致刀具刀柄与工件或工装干涉。

③ 注意工装夹具的安装高度，特别是当刀具路径出现负角度加工时，要避免旋转轴摆动角度过大，导致机床 Z 轴方向超程。加工出来的产品如图 4-112 所示

图 4-112　整体叶轮

五、总结

整体叶轮的加工主要靠多轴加工技术实现,而当前多轴加工中心造价昂贵,普及率不高。如何提高加工效率和表面质量、降低加工成本是整体叶轮加工的研究重点。本案例结合普通分流叶轮的加工工艺过程,探索如何利用计算机辅助制造进行高效、高质地完成多轴加工。重点指出整体叶轮加工的工艺准备,最终确定了整体叶轮加工的一般工艺流程,从加工设备、加工夹具、加工刀具以及加工软件上逐一分析,实现了整体叶轮高效、高质的加工。

作 品 点 评

在毕业设计过程中,通过对工件图纸的加工编程,采用先进的多轴机床设备完成工件的制作,理论联系实际,提高学生的综合知识运用能力,是学生毕业前很好的锻炼。

实例十 机器人智能药品分拣系统方案设计

摘 要

药品是防病治病保护人民健康的特殊商品,必须在干净卫生的环境下生产。提高药品的生产效率和采用现代化生产、包装技术是大势所趋,在本设计中,我们针对药品包装环节,结合机器人设计药品传送,视觉检测,药品分拣三个步骤,力求在干净卫生的条件下简化生产步骤,提高药品生产效率,满足现代化生产需求。

关键词:药品分拣;机械手;视觉识别系统;卫生

正 文

由于机器人同步追踪视觉系统价格昂贵,本设计在不使用机器人同步追踪视觉系统情况下,能在回转工作台运转的同时,同步抓取药品,提高工作效率。

一、机器人智能分拣药品系统

机器人智能分拣药品系统流程如图 4-113 所示。

二、传送系统

品传送系统由传送机构和直流电机组成。工作原理:启动直流电机,转轴带动传送机构,把药品送到视觉检测区域中检测。

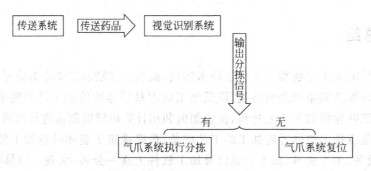

图 4-113 药品系统流程图

1. 传送机构

(1) 要求

① 能把药品送到指定的视觉检测区；

② 如果药品错过视觉的第一次检测，通过传送机构的循环传送，仍然可参与视觉第二次,保证每粒药品都能被视觉系统检测到；

③ 转盘必须达到卫生、轻便、经济、实用、简单等要求。

(2) 设计方案

方案一：由 4 条传送带循环搭成"口"字形的机构。由 4 个电机驱动传送带。

方案二：设计成圆盘，在圆盘上边铣一个环形的凹槽，电机安装的圆盘的心。

两个方案相比，方案二的设计略胜一筹，不仅节省材料，而且结构简单，加工起来比较经济。

(3) 设计图

图 4-114 所示为底盘，外围直径为 54cm，中间凹槽直径为 24cm，槽宽为 0.5cm，中间小孔直径为 6cm。底盘主要起支撑作用，让转盘保持平衡，其中间的环形凹槽是提供装置滚珠的。

图 4-115 所示为转盘，外围直径为 54cm，黑色轨道环形直径分别为 52cm 和 24cm，中间是 8cm×8cm 的方形盖子，黑色的轨道主要转送药品。

图 4-116 所示为整个转盘的装配图，中间的滚珠主要是增强转盘的平衡度，使转盘运动起来更加稳定。

图 4-114 底盘

图 4-115 转盘

图 4-116 转盘装配

(4) 材料选择

表 4-13 所示为常用材料优缺点对比。

表 4-13 常用材料优缺点对比

特性 类型	优点/缺点	价格
木材	质量较轻,但清洗困难,容易残留杂物	低
塑料	质量轻,清洗方便,但不耐高温	中
铝材	质量稍重,清洗方便,耐高温	高

综合以上比较,塑料的特性较好,而且符合卫生、轻便、经济方面的要求。

2. 直流减速电机

直流减速电机,即齿轮减速电机,是在普通直流电机的基础上,加上配套齿轮减速箱。齿轮减速箱的作用是,提供较低的转速,较大的力矩。同时,齿轮箱不同的减速比可以提供不同的转速和力矩。

我们在调试的过程中,由于工业摄像机的帧率的因素,传送机构的转速不能过快,否则视觉系统捕捉不了药品,所以选择每分钟 1 转,转矩大于 120Nm 的直流减速电机。据市场调查,符合这种要求的直流减速电机很少,最后找到"6H1800"这种型号的直流减速电机,如图 4-117 所示。

图 4-117 直流减速电机

三、视觉识别系统

视觉识别系统由工业摄像机和图像处理软件组成。其作用是当传送系统把药品送到视觉识别区域时,工业摄像机捕捉药品的形状,分辨药品的颜色,且记录药品的位置,然后这些数据被送到软件计算分析,再把相应的信号送到气抓系统中。

1. 工业摄像机

工业摄像机实际上是一个光电转换装置,将图像传感器所接收到的光学图像,转化为计算机所能处理的电信号。光电转换器件是构成相机的核心器件。据市场调查,目前,典型的光电转换器件为真空摄像管、CCD、CMOS 图像传感器等。

CCD 是目前机器视觉最为常用的图像传感器。它集光电转换及电荷存储、电荷转移、信号读取于一体,是典型的固体成像器件。结合本课题的设计要求及降低成本的原则,我们选用 CCD。工业摄像机的要求和具体型号比较,如表 4-14 所示。

表 4-14　工业摄像机的要求和具体型号比较

性能 型号	像素	分辨率 dpi	清新度/线	价格/元
要求	≥20	500×400	≥300	经济
XC—30	38	768×494	400	500～600
XC—56	38	658×494	500	400～500
SunTime X8I	200	1600×1200	800	500～600

XC—56 不仅符合性能要求,而且符合经济要求。最终选择 XC—56,如图 4-118 所示。

图 4-118　XC—86

2. 图像处理处理软件

机器视觉系统中,视觉信息的处理技术主要依赖图像处理软件。它包括图像增强、数据编码和传输、平滑、边缘锐化、分割、特征抽取、图像识别与理解等内容。经过这些处理后,既改善了图像的视觉效果,又便于计算机对图像进行分析、处理和识别。

3. 工作过程

(1) 图像采集

光学系统采集图像,图像转换成模拟格式并传入计算机存储器。

(2) 图像处理

处理器运用不同的算法提高对结论有重要影响的图像要素。即把有轻微倾斜的药品图像进行修正。

(3) 特性提取

处理器识别并量化图像的关键特性,把采集药品的形状及颜色跟已设定的形状颜色进行比较,然后将这些数据传送到控制程序。

(4) 判决和控制

处理器的控制程序根据收到的数据做出结论。即根据不同的形状颜色的药品，作出不同的输出信号。

四、气抓系统

机械手系统由机器人装置和气压装置两部组成的。机器人接到视觉检测信号后，通过周密的计算，定位药品所在的精准位置，进而分拣药品。

1. 机器人的构成

机器人由三部分构成，图 4-119(a) 为操作机，(b) 为驱动装置，(c) 为示教盒。

(a) 操作机　　　　　　　　(b) 驱动装置　　　　　　　　(c) 示教盒

图 4-119　机器人的构成

(1) 操作机

操作机即机器人本体，是由构件和关节组成的 6 个自由度空间机构，其运动是由驱动器经各种机械传动装置相互间配合，令机器人作出各种流畅的动作。

(2) 驱动装置

驱动装置把能源动力来源转化为需要的功能动作曲线连续或者间断输出，实现驱动。在本设计中，驱动单元起纽带作用。它接收视觉检测系统发出的信号，将信号通过放大，把电能转化为动能，驱动机器人迅速抓取药品，并把药品送到药盒上方。

(3) 示教盒

① 对机器人进行调试，例如，移动 X、Y、Z 轴的方向，进行位移记录。

② 对机器人进行程序编辑，例如，循环动作、直线动作、圆弧动作及码垛编程。

③ 对机器人程序文件进行管理，包括文件加密，程序写保护和系统修复等。

2. 气压装置

气压装置由空气压缩机、两位五通电磁阀、气动二联件、真空发生器和吸盘组成。

(1) 空气压缩机

空气压缩机是从封闭空间排除空气或从封闭空间添加空气的装置,如图 4-120 所示。

(2) 电磁阀

电磁阀既是电器控制部分和气动执行部分的接口,也是和气源系统的接口。其作用是控制气流通道的通、断或改变压缩空气的流动方向,如图 4-121 所示。

图 4-120　空气压缩机

图 4-121　电磁阀

(3) 气动二联件

气动二联件是指空气减压阀和油雾器,如图 4-122 所示。减压阀可对气源进行稳压,使气源处于恒定状态,可减小因气源气压突变对阀门或执行器等硬件的损伤。过滤器用于对气源的清洁,可过滤压缩空气中的水分,避免水分随气体进入装置,从而防止药品受潮而变坏。

(4) 真空发生器

真空发生器利用正压气源产生负压,是一种新型、高效、清洁、经济、小型的真空元器件。真空发生器的工作原理是利用喷管高速喷射压缩空气,在喷管出口形成射流,产生卷吸流动。在卷吸作用下,使喷管出口周围的空气不断被抽吸走,使吸附腔内的压力降至大气压以下,形成一定真空度,在避免油雾污染药品的同时,产生了干净的气体,使整个系统安全、卫生,如图 4-123 所示。

图 4-122　气动二联件

图 4-123　真空发生器

(5) 真空吸盘

如图 4-124 所示,先将真空吸盘通过接管与真空设备接通,然后与药品接触,启动真空设备抽吸,使吸盘内产生负压,从而将药品吸牢。当药物搬送到目的地时,平稳地充气进真空吸盘内,使真空吸盘由负气压变成零气压,药品脱离真空吸盘,完成提拣任务。

图 4-124　真空吸盘

五、视觉系统调试过程

机器视觉系统是指用计算机实现人的视觉功能,也就是用计算机实现对客观的三维世界的识别。机器视觉系统主要由三部分组成:视觉设置、摄像头较准、视觉过程。

1. 视觉设置

首先在计算机上打开机器人的视觉系统软件,然后打开视觉设置(vision setup)工具。用视觉设置工具将相机的视觉范围设置好,调好视觉的亮度,然后拍出一幅质量好的药丸图片并保存到机器人寄存器里。有了药丸图片的样本,机器人在抓取药丸时就会只捕抓与药丸图片有相同特征的药丸,如图 4-125 所示。

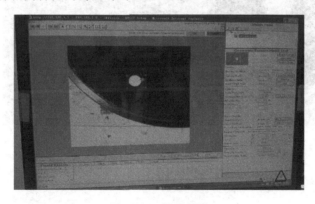

图 4-125　视觉设置

2. 摄像头校准

在计算机上打开视觉系统软件里面的 Camera Calibration Tool(相机校准工具)工具。如图 4-126 所示,放一张有均匀点图案的纸张在工作台上,然后用相机拍下来。把界面上的红色方框固定在一个点上,然后保存下来。这样相机校准就完成了。

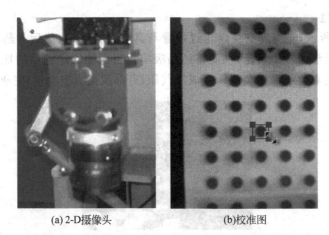

(a) 2-D摄像头　　　　　　　(b)校准图

图 4-126　摄像头校准

3. 视觉过程

视觉过程分为药丸较准和药丸辨别两个部分。药丸较准的目的是检测机器人能否准确捕抓药丸。保证机器人正常工作,其完成过程和视觉设置一样,都是先在视觉系统软件里完成的。首先打开视觉系统的 Vision Process Tools(视觉过程)里的 GPM 工具检测,用 GPM 工具较准拍下的药丸图片。药丸辨别是使用 GPM 检测工具里面的 Teach Pattern(识别工件)识别药丸的形状,然后保存,这样视觉过程就完成了。图 4-127 所示为视觉检测工件。

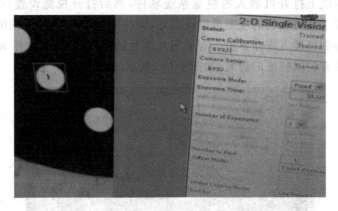

图 4-127　视觉检测工件

4. 程序逻辑

```
LBL[13]
    R[7]= 0
    R[8]= 0
LBL[11]
    IF DI[110]= ON,JMP LBL[12]      启动按钮
    JMP LBL[11]
LBL[12]
```

```
LP[1] 1000mm/sec FINE                        机器人回到安全位置
DO[102]= ON                                  电机启动,装盘转动
LBL[6]
R[8]= 0
DO[103]= ON                                  气缸伸出
WAIT .70(sec)
DO[130]= OFF                                 气缸收缩
R[8]= 0
LBL[5]
R[6]= 0
IF DI[101]= OFF,JMP LBL[25]                  光电感应开关
LBL[26]
R7= [R7]+ 1
LBL= [25]
R[8]= R[8]+ 1
LBL[2]
LBL[1]
VISION RUN_FIND'BYSJ2'
VISION GET _OFFSET'BYSJ2'VR[3] JMP LBL[2]    视觉检测药品
PR[5]= VR[3].FOUND_POS[1]
PR[5,6]= [0]
LP[2] 2000mm/sec FINE Offset,RP[5]
LP[3] 1000mm.sec FINE Offset,RP[5]           机器人接近药品并抓取
DO[101]= ON
WAIT .10(sec)
LP[4] 2000mm/sec FINE Offset,RP[5]
LBL[9]
IF DI[101]= OFF,JMP LBL[8]
JMP LBL[9]
LBL[8]
LP[5] 2000mm/sec FINE
JP[11] 80%  CNT50
JP[10] 80%  CNT50
LP[6] 2000mm/sec FINE                        机器人把药品放到药盒上方
LP[9] 1000mm/sec FINE
DO[101]= OFF
WAIT .20(sec)                                机器人放开药品停留0.2秒
JP[8] 80%  CNT50
JP[10] 80%  CNT50                            离开药盒
JP[11] 80%  CNT50
LP[5] 2000mm/sec FINE
IF R[7]= 4,JMP LBL[10]
IF R[8]> 5,JMP LBL[6]
IF DI[102]= ON,JMP LBL[26]
JMP LBL[5]
IF R[7]= 5,JMP LBL[10]
LBL[10]
LP[1] 2000mm/sec FINE                        机器人回到安全点
DO[102]= OFF
```

```
IF DF[110]= OFF,JMP LBL[13]
JMP LBL[10]
```

六、工作过程

如图 4-128 所示，首先按下启动按钮，传动机构启动，转盘做圆周运动，把药品送到指定的视觉检测区域，视觉识别系统把药品的图像采集下来，转化成一种特殊数据，传入存储器；处理器对存储器有轻微倾斜的药品图像的数据进行修正，再把采集药品的形状及颜色跟已设定的形状颜色进行比较，把这些数据传送到控制程序，最后根据不同的形状颜色的药品数据，作出不同的输出信号，传送的机器人本体，机器人根据收到的信号，迅速准确找到药品的位置，此时，电磁阀通电，真空发生器开始动作，吸盘把药品吸起来，放到指定的药盒上，然后电磁阀断电，药品落在药盒里，机器人回到安全位置，等待下一个检测信号。

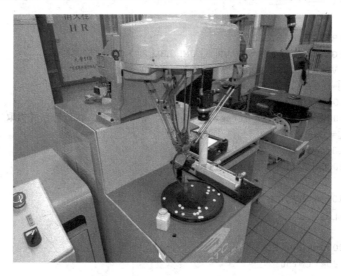

图 4-128　机器人实际工作图

七、总结

本设计完成了机构设计和计算，以及对机器人部件的选择、控制回路和电气控制的设计。性能可靠、稳定，提高了生产效率、在生产中广泛应用。通过这些设计，使理论知识与实际相结合，巩固和深化了学过的专业知识。本次设计中还存在一些问题，有待改进和提高。

作 品 点 评

本设计是工业机器人分拣药品系统，完成了伸缩、升降、回转、横移等功能，在设计和制作中提高了学生专业知识与动手能力。

第五章

计算机（动漫、物流、电子商务、工业设计）类毕业设计实例

知识要点：本章所介绍的计算机科学（物流）类毕业设计包括：操作软件、多媒体课件、平面VI、物流（电子商务）管理系统设计等。职业学校学生应该能根据设计要求设计出符合实际的作品。

学习建议：毕业设计指导教师可根据所提供的相关专业大类的毕业设计与论文，有选择地向学生推荐，指导和启发学生有针对性地参考。学生应根据本专业设计特点，参考提供实例的选题，重点掌握程序编写、软件制作等技能。

实例一 小型物流仓库系统的设计

摘 要

通过前期调查和分析我们发现，对于物流专业的学生来说，对物流仓库系统的实际运用还是处于懵懂阶段，甚至于有部分学生根本不明所以，因而我们选择了物流仓库系统的设计这个课题。本系统能实现用户登录、后台人员管理（修改、删除）、后台资料管理（增加、修改、删除）等功能，体现了动态交互性。由于我们对用于仓库设计的计算机软件并未深入学习和了解，因此只能局限于小型仓库的设计。

关键词：小型物流仓库；ASP.NET；IIS 服务组建

正 文

一、使用软件介绍

1. ASP.NET 概述

ASP 是 Microsoft Active Server Pages 的简称，它是一种服务器端脚本环境，可用来创建交互式 Web 页面，并建立强大的 Web 应用程序。既然 ASP 是一种基于服务器端的脚本环境，那就明白为什么 ASP 需要 IIS 支持了，因为 IIS 是一类常用的 Web 服务器；同时也就明白为什么要学习脚本语言了，因为 ASP 提供的只是一

种脚本环境,而非一种语言。如果真要形象化地说 ASP 是网络编程语言,那也是属于一个 html+脚本+ASP 提供的内置对象及组建的功能强大的混合语言。

2. VB.NET 概述

Visual Studio.Net 套装中包括了微软的编程语言的一系列工具,比如 VB、Visual C♯和新的 C♯语言。

简单地说,VB.NET(Visual Basic.NET)并没有采用同以往的 VB 一样的语言结构和表现方式,VB.NET 在许多方面具有更高的一致性和类型安全级别,更容易写出控制性、可读性很高的代码。虽然它有时要求你习惯于那些在编译时额外的检查,但它将在你测试和调试时,为你节约宝贵的时间。

二、IIS 配置

互联网信息服务(Internet Information Server,IIS)是一种 Web(网页)服务组件,其中包括 Web 服务器、FTP 服务器、NNTP 服务器和 SMTP 服务器,分别用于网页浏览、文件传输、新闻服务和邮件发送等,它使得在网络(包括互联网和局域网)上发布信息成了一件很容易的事。本文将向你讲述 Windows 2000 高级服务器版本中自带的 IIS 5.0 的配置和管理方法。

1. IIS 的添加

进入"控制面板",依次选择"添加/删除程序"→"添加/删除 Windows 组件",勾选"Internet 信息服务(IIS)"复选框,然后按提示操作即可完成 IIS 组件的添加。用这种方法添加的 IIS 组件中将包括 Web、FTP、NNTP 和 SMTP 四项服务。

2. IIS 的运行

当 IIS 添加成功之后,在"控制面板"中选择"管理工具"→"Internet 信息服务",打开 IIS 管理器,对于有"已停止"字样的服务,均在其上右击,选择"启动"来开启,建立第一个 Web 站点。

例如,本机的 IP 地址为 192.168.0.1,自己的网页放在"D:\Wy"目录下,网页的首页文件名为 index.htm,根据这些建立好自己的 Web 服务器。

对于此 Web 站点,我们可以用现有的"默认 Web 站点"来做相应的修改后,就可以轻松实现了。先在"默认 Web 站点"上右击,选择"属性",在打开的"默认 Web 站点属性"对话框中进行以下设置。

① 修改绑定的 IP 地址:选择"Web 站点"选项卡,再在"IP 地址"下拉列表框中选择所需用到的本机 IP 地址 192.168.0.1。

② 修改主目录:选择"主目录"选项卡,再在"本地路径"文本框中输入(或用"浏览"按钮选择)自己网页所在的"D:\Wy"目录。

③ 添加首页文件名:选择"文档"选项卡,再单击"添加"按钮,根据提示在"默认文档名"文本框中输入自己网页的首页文件名 index.htm。

④ 添加虚拟目录:比如主目录在"D:\Wy"下,输入 192.168.0.1/test 的格式就可调出"E:\All"中的网页文件,这里的 test 就是虚拟目录。在"默认 Web 站点"上右击,选择

"新建"→"虚拟目录",依次在"别名"文本框中输入 test,在"目录"文本框中输入"E:\All",然后按提示操作即可添加成功。

⑤ 效果的测试:打开 IE 浏览器,在地址栏输入 192.168.0.1 之后再按 Enter 键,此时如能够调出自己网页的首页,则说明设置成功。

3. 添加更多的 Web 站点

在多个 IP 对应多个 Web 站点中,如果本机已绑定了多个 IP 地址,想利用不同的 IP 地址得到不同的 Web 页面,只需在"默认 Web 站点"上右击,选择"新建"→"站点",然后根据提示在"说明"文本框中输入任意用于说明它的内容(比如"我的第二个 Web 站点"),在"输入 Web 站点使用的 IP 地址"下拉列表框中选择需给它绑定的 IP 地址即可。当建立好此 Web 站点之后,再按上面的方法进行相应的设置。

三、物流仓库简介

仓库是保管、存储物品的场所的总称。仓储是通过特定场所存储和保管物资和商品的行为,是对有形物品提供存放场所,并对存放物品进行保管、控制的过程。特定场所是指提供存放和保护功能的场所,如仓库、大型容器、堆场以及其他特定的场地等。

我国仓储业发展的方向是促进已有仓储资源的社会化,提高仓储功能的专业化,加强仓储的标准化,建设仓储的现代化。仓库种类的划分如下。

① 按仓储经营主体划分:企业自营仓储、商业营业仓储、公共仓储、战略储备仓储。
② 按仓储对象划分:普通物品仓储、特殊物品仓储。
③ 按仓储功能划分:存储仓储、配送中心仓储、运输转换仓储。

四、小型物流仓库系统结构

小型物流仓库系统结构如图 5-1 所示。

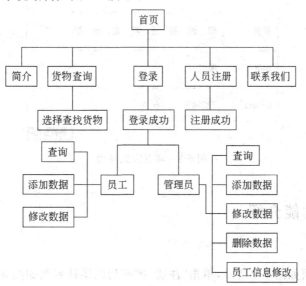

图 5-1 小型物流仓库系统结构

五、首页栏目介绍

小型物流仓库系统的首页如图5-2所示,其栏目包括人员注册、登录、货物查询、简介、联系我们。

1. 人员注册

填写注册基本资料,注册后会自动转到员工主页,可以对仓库货物进行查看、添加、修改、删除等操作。

2. 登录

填写正确的用户名和密码,登录后会自动转到员工主页或管理员主页。

3. 货物查询

这个栏目是为了方便仓库管理者快速了解货物情况而设置的。如果浏览者并未登录,即不能对货物进行添加、修改和删除,只能进行查看。开放给游客的只有查询功能。

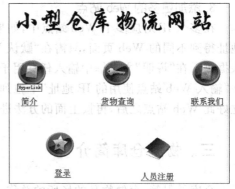

图 5-2 小型物流仓库系统的首页

4. 简介

对本小型物流仓库系统做了简单的介绍,包括网站设计思想、网站导航、网站功能等。

5. 联系我们

对联系人和联系方式做了详细的说明。如果对网站的使用等方面不明确,或想对网站提出意见和建议,可以通过该联系方式联系。联系方式界面如图5-3所示。

组长	杨其
组员	黎 珊、黎 通、莫 发、黄 斯
指导老师	喻红
E-mail	722346@qq.com

图 5-3 联系方式界面

六、系统功能介绍

1. 人员注册

人员注册界面如图5-4所示,单击"注册"按钮后的跳转界面如图5-5所示。

第五章　计算机（动漫、物流、电子商务、工业设计）类毕业设计实例

图 5-4　人员注册界面　　　　　图 5-5　单击"注册"按钮后的跳转界面

跳转后显示员工主页，如图 5-6 所示。

图 5-6　员工主页

人员注册模块的代码如下：

```
Private Sub Page_Load(ByVal sender As System.Object, ByVal e As System.EventArgs) Handles MyBase.Load
        End Sub
    Private Sub zc_Click(ByVal sender As System.Object, ByVal e As System.EventArgs) Handles zc.Click
        connry.Open()
        cmdcheck.Parameters("用户名").Value=txtyh.Text
        Dim sno As String=cmdcheck.ExecuteScalar()
        If Not sno Is Nothing Then
        lblMessage.Text="<script language=""vbs"">alert""该用户名已经存在！""</script>"
            Exit Sub
```

```
        End If
        With cmdinsert.Parameters
          .Item("用户名").Value=txtyh.Text
          .Item("性别").Value=rblxb.SelectedValue
          .Item("电子信箱").Value=txtdzxx.Text
          .Item("密码").Value=txtmm.Text
          .Item("职务").Value=ddlzw.SelectedValue
        End With
        Dim n As Integer=cmdinsert.ExecuteNonQuery()
        If n>0 Then
          lblMessage.Text="<script language=""vbs"">alert""数据保存成功!""</
script>"
        End If
        connry.Close()
        If n>0 Then
          Response.Write("<meta http-equiv=""refresh"" content=""5;URL=index.
aspx"">")
          Response.Write("欢迎来到本仓库系统")
          Response.Write("5 秒后自动转向登录页……")
          Response.End()
        End If
      End Sub
End Class
```

2. 登录

游客和注册人员首先访问的都是首页。游客只可以对货物进行查询等，不可以登录。注册人员的登录分两种情况，第一种是员工登录，登录后显示员工主页，可以对货物进行查询、添加、修改；第二种是管理员登录，登录后显示管理员主页，可以对货物进行查询、添加、修改、删除。

登录界面如图 5-7 所示，填写正确的用户名和密码，单击"登录"按钮后，进入如图 5-5 所示的跳转界面。

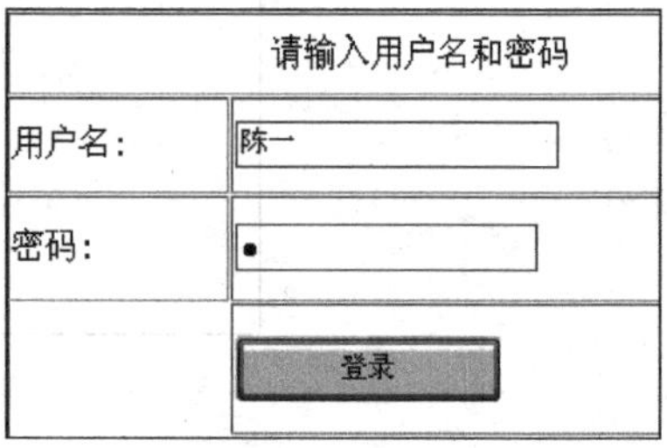

图 5-7　登录界面

若是员工登录，则进入员工主页，如图 5-6 所示；若是管理员登录，则进入管理员主页，如图 5-8 所示。

员工主页和管理员主页登录模块的代码如下：

```
Private Sub Page_Load(ByVal sender As System.Object, ByVal e As System.EventArgs)
Handles MyBase.Load
          'Session.Clear()
          'Session.Abandon()
          'Response.Redirect("default.aspx")
    End Sub
    Private Sub btnlogin_Click(ByVal sender As System.Object, ByVal e As System.
EventArgs) Handles btnlogin.Click
```

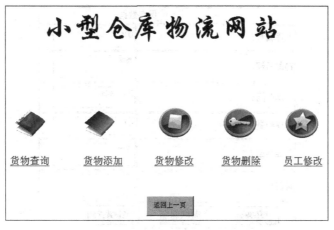

图 5-8　管理员主页

```
connBBS.Open()
cmdcheck.Parameters("用户名").Value=txtUserName.Text
cmdcheck.Parameters("密码").Value=txtPassword.Text
Dim rd As OleDb.OleDbDataReader=cmdcheck.ExecuteReader()
If rd.Read() Then
    Session("用户名")=txtUserName.Text
    'Session("userID")=rd("role")
    Response.Redirect("index.aspx")
Else
    'Session("errormessage")=""
    Response.Write("用户名或密码错误")
    Response.Redirect("login.aspx")
End If
connBBS.Close()
    End Sub
End Class
```

3. 添加数据

添加数据的界面如图 5-9 所示。添加后，单击"保存数据"按钮，然后在弹出的如图 5-10 所示的保存数据界面中单击"确定"按钮即可。

添加数据模块的代码如下：

```
Private Sub btnSave_Click(ByVal sender As System.Object, ByVal e As System.EventArgs) Handles btnSave.Click
    Connstudent.Open()
    Cmdcheck.Parameters("入库编号").Value=txtNo.Text
    Dim sno As String=Cmdcheck.ExecuteScalar()
    If Not sno Is Nothing Then
        lblMessage.Text="<script language=""vbs"">alert""该编号已经存在!""</script>"
        Exit Sub
    End If
```

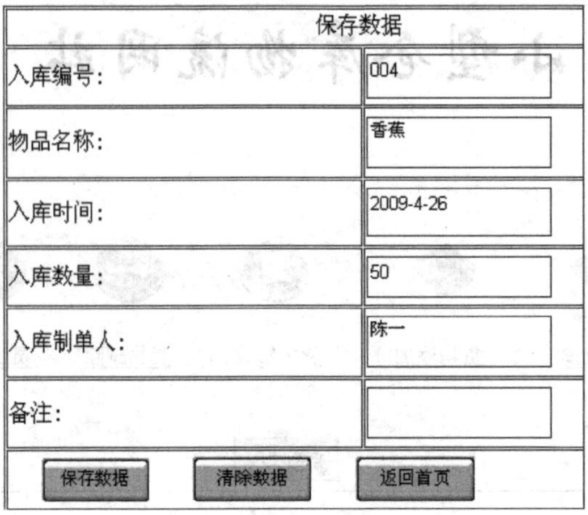

图 5-9　添加数据界面

```
With CmdInsert.Parameters
    .Item("入库编号").Value=txtNo.Text
    .Item("物品名称").Value=txtName.Text
    .Item("入库数量").Value=txtShu.Text
    .Item("入库时间").Value=CDate(txtDate
.Text)
    .Item("入库制单人").Value=txtZhi.Text
    .Item("备注").Value=txtBzhu.Text
End With
Dim n As Integer=CmdInsert.ExecuteNonQuery()
If n>0 Then
    lblMessage.Text="<script language=""vbs"">alert""数据保存成功!""</script>"
End If
Connstudent.Close()
    End Sub
    Private Sub btnContinue_Click(ByVal sender As System.Object, ByVal e As System.EventArgs) Handles btnContinue.Click
        txtNo.Text="" : txtName.Text=""
        txtShu.Text="" : txtDate.Text=""
        txtZhi.Text="" : txtBzhu.Text=""
        lblMessage.Text="<script language=""vbs"">document.form1.txtNo.focus()</script>"
    End Sub
    Private Sub Button1_Click(ByVal sender As System.Object, ByVal e As System.EventArgs) Handles Button1.Click
        Response.Redirect("index.aspx")
End Sub
```

图 5-10　保存数据界面

4. 修改

修改分为两部分：对仓库中货物的修改和管理员对员工资料的修改。

① 单击员工主页或管理员主页或管理员主页中的"货物修改"按钮，进入入库货物明

细表界面,如图 5-11 所示。选择需要修改的物品,单击"修改"按钮,进入修改物品资料界面,如图 5-12 所示,在此界面对物品资料进行修改即可。

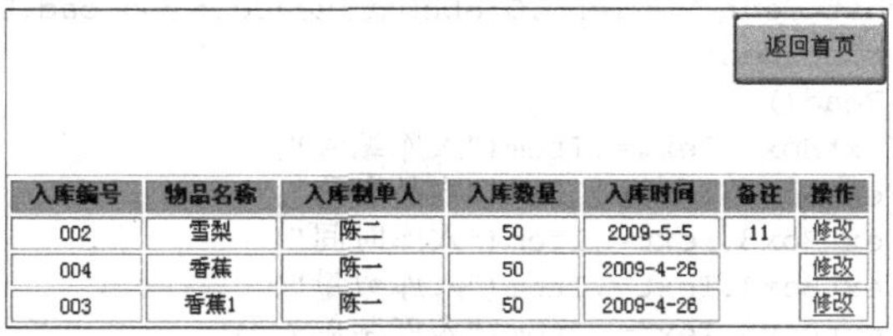

图 5-11　入库货物明细表界面

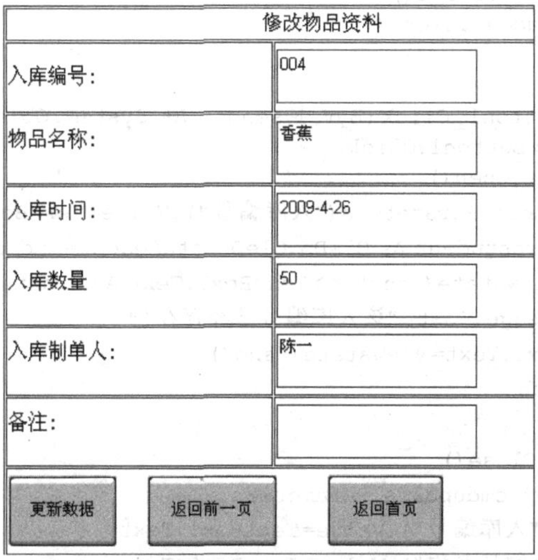

图 5-12　修改物品资料界面

显示入库货物明细表的代码如下:

```
Private Sub Page_Load(ByVal sender As System.Object, ByVal e As System.
EventArgs) Handles MyBase.Load
        connstudent.Open()
        Dim rdstudent As OleDb.OleDbDataReader=cmdstudent.ExecuteReader
        data1.showoledbrdwithaction(Table1, rdstudent, "修改", "update2.aspx")
    End Sub
    Private Sub Button1_Click(ByVal sender As System.Object, ByVal e As System.
EventArgs) Handles Button1.Click
        Response.Redirect("index.aspx")
    End Sub
End Class
```

修改物品资料的代码如下:

```
Private Sub Page_Load(ByVal sender As System.Object, ByVal e As System.
EventArgs) Handles MyBase.Load
        If Not Me.IsPostBack Then
```

```vbnet
            connstudent.Open()
            cmdload.Parameters("入库编号").Value=Request.Params("key")
            viewstate("sno")=Request.Params("key")
            Dim rdstudent As OleDb.OleDbDataReader=cmdload.ExecuteReader()
            With rdstudent
                .Read()
                TextBox1.Text=.Item("入库编号")
                TextBox2.Text=.Item("物品名称")
                TextBox3.Text=.Item("入库时间")
                TextBox4.Text=.Item("入库数量")
                TextBox5.Text=.Item("入库制单人")
                TextBox6.Text=.Item("备注")
            End With
            rdstudent.Close()
            connstudent.Close()
        End If
    End Sub
    Private Sub Button1_Click(ByVal sender As System.Object, ByVal e As System.EventArgs) Handles Button1.Click
        connstudent.Open()
            cmdload.Parameters("入库编号").Value=TextBox1.Text
            Dim rdstudent As OleDb.OleDbDataReader=cmdload.ExecuteReader
            If viewstate("sno")<>TextBox1.Text And rdstudent.HasRows Then
            lblmessage.Text="该入库编号已经存在!"
            TextBox1.Text=viewstate("sno")
            Exit Sub
        End If
        rdstudent.Close()
            With cmdupdate.Parameters
            .Item("入库编号").Value=TextBox1.Text
            .Item("物品名称").Value=TextBox2.Text
            .Item("入库时间").Value=CDate(TextBox3.Text)
            .Item("入库数量").Value=TextBox4.Text
            .Item("入库制单人").Value=TextBox5.Text
            .Item("备注").Value=TextBox6.Text
            .Item("Original_入库编号").Value=(viewstate("sno"))
        End With
            Dim n As Integer=cmdupdate.ExecuteNonQuery()
        If n>0 Then
            lblmessage.Text="数据更新已经保存!"
        End If
        connstudent.Close()
    End Sub
    Private Sub Button2_Click(ByVal sender As System.Object, ByVal e As System.EventArgs) Handles Button2.Click
        Response.Redirect("update1.aspx")
    End Sub
    Private Sub Button3_Click(ByVal sender As System.Object, ByVal e As System.EventArgs) Handles Button3.Click
        Response.Redirect("index.aspx")
    End Sub
End Class
```

② 单击管理员主页中的“员工修改”按钮，进入员工资料界面，如图 5-13 所示。单击相应的“修改”按钮，在弹出的如图 5-14 所示的员工资料修改界面中对员工资料进行修改即可。

用户名	性别	电子信箱	密码	操作
陈一	男	1@163.com	12	修改
陈二	男	2@163.com	12	修改
陈三	男	3@163.com	12	修改
1	男	1@163.com	1	修改
2	男	1@163.com	1	修改

图 5-13 员工资料界面

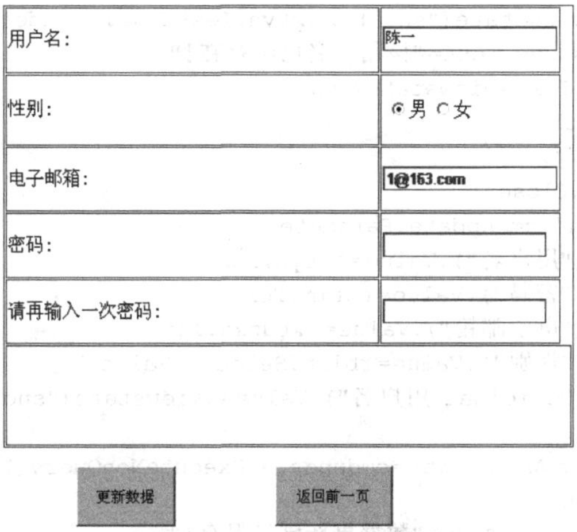

图 5-14 员工资料修改界面

显示员工资料的代码如下：

```
Private Sub Page_Load(ByVal sender As System.Object, ByVal e As System.
EventArgs) Handles MyBase.Load
        connxs.Open()
        Dim rdstudent As OleDb.OleDbDataReader=cmdxs.ExecuteReader
       data1.showoledbrdwithaction(Table1, rdstudent, "修改", "ryxg2.aspx")
End Sub
```

修改员工资料的代码如下：

```
Private Sub Page_Load(ByVal sender As System.Object, ByVal e As System.
EventArgs) Handles MyBase.Load
      If Not Me.IsPostBack Then
         connxs.Open()
               cmdload.Parameters("用户名").Value=Request.Params("key")
                 viewstate("sno")=Request.Params("key")
                      Dim rdstudent As OleDb. OleDbDataReader = cmdload.
ExecuteReader()
         With rdstudent
            .Read()
                      txtyh.Text=.Item("用户名")
```

```
                rblxb.SelectedValue=.Item("性别")
                txtdzxx.Text=.Item("电子信箱")
                txtmm.Text=.Item("密码")
            End With
            rdstudent.Close()
            connxs.Close()
        End If
    End Sub
        Private Sub Button1_Click(ByVal sender As System.Object, ByVal e As System.
EventArgs) Handles Button1.Click
            connxs.Open()
cmdload.Parameters("用户名").Value=txtyh.Text
Dim rdstudent As OleDb.OleDbDataReader=cmdload.ExecuteReader
            If viewstate("sno")<>txtyh.Text And rdstudent.HasRows Then
                lblmessage.Text="该用户名已经存在!"
                txtyh.Text=viewstate("sno")
                Exit Sub
            End If
            rdstudent.Close()
                With cmdupdate.Parameters
                .Item("用户名").Value=txtyh.Text
                .Item("密码").Value=txtmm.Text
                .Item("电子邮箱").Value=txtdzxx.Text
                .Item("性别").Value=rblxb.SelectedValue
                .Item("Original_用户名").Value=(viewstate("sno"))
            End With
                Dim n As Integer=cmdupdate.ExecuteNonQuery()
            If n>0 Then
                lblmessage.Text="数据更新已经保存!"
            End If
            connxs.Close()
End Sub
```

5. 删除数据

① 只有管理员才能删除数据。单击管理员主页中的"货物删除"按钮,出现如图 5-15 所示的要删除的入库货物明细表界面。

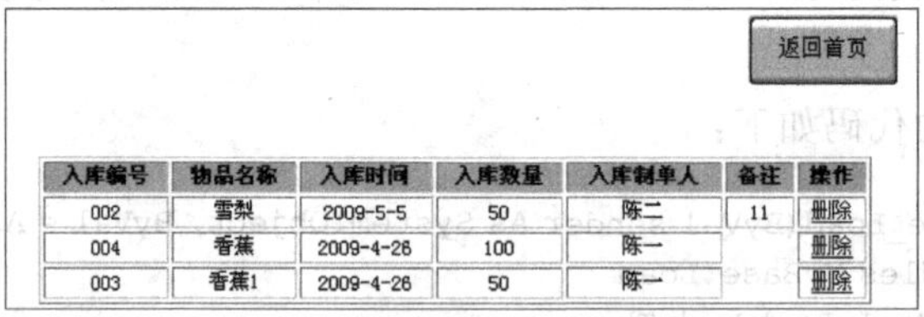

图 5-15　要删除的入库货物明细表界面

② 单击相对应的"删除"按钮,进入如图 5-16 所示的要删除的物品资料界面,然后单击"删除记录"按钮,再在弹出的如图 5-17 所示的对话框中单击"确定"按钮即可。

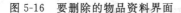

图 5-16　要删除的物品资料界面　　　　图 5-17　删除数据对话框

显示要删除的物品资料的代码如下：

```
Private Sub Page_Load(ByVal sender As System.Object, ByVal e As System.
EventArgs) Handles MyBase.Load
        connstudent.Open()
        Dim rdstudent As OleDb.OleDbDataReader=cmdstudent.ExecuteReader
        data1.showoledbrdwithaction(Table1, rdstudent, "删除", "delete2.aspx")
    End Sub
    Private Sub Button1_Click(ByVal sender As System.Object, ByVal e As System.
EventArgs) Handles Button1.Click
        Response.Redirect("index.aspx")
    End Sub
End Class
```

删除物品资料的代码如下：

```
Private Sub Page_Load(ByVal sender As System.Object, ByVal e As System.
EventArgs) Handles MyBase.Load
        If Not Me.IsPostBack Then
            connstudent.Open()
            cmdload.Parameters("入库编号").Value=Request.Params("key")
            viewstate("sno")=Request.Params("key")
            Dim rdstudent As OleDb.OleDbDataReader=cmdload.ExecuteReader
            'rdstudent.Read()
            'Page.DataBind()
            With rdstudent
                .Read()
                TextBox1.Text=.Item("入库编号")
                TextBox2.Text=.Item("物品名称")
                TextBox3.Text=.Item("入库时间")
                TextBox4.Text=.Item("入库数量")
```

```
                TextBox5.Text=.Item("入库制单人")
                TextBox6.Text=.Item("备注")
            End With
            rdstudent.Close()
            connstudent.Close()
            Button1.Attributes("onclick")="return confirm('你确定要删除这条记录吗？');"
        End If
    End Sub
```

6. 查询数据

单击员工主页或管理员主页中的"货物查询"按钮，进入所查询货物的明细表界面，如图 5-18 所示。如果想只查询某一种物品，则可在如图 5-18 所示的下拉列表框中选择这种物品名称即可，此时弹出如图 5-19 所示的单种物品的明细表界面。

图 5-18　所查询货物的明细表界面

图 5-19　单种物品的明细表界面

查询数据的代码如下：

```
Private Sub LoadData()
      If connStudent.State=ConnectionState.Closed Then
          connStudent.Open()
      End If
       cmdStudent.Parameters("物品名称").Value=lstSpeciality.SelectedValue
       Dim rdStudent As OleDb.OleDbDataReader=cmdStudent.ExecuteReader()
data.ShowOleDbRd(Table1, rdStudent)
      rdStudent.Close()
      connStudent.Close()
End Sub
Private Sub Page_Load(ByVal sender As System.Object, ByVal e As System.EventArgs) Handles MyBase.Load
         If Not Me.IsPostBack Then
          connStudent.Open()
             Dim rdSpeciality As OleDb.OleDbDataReader = cmdSpeciality.
```

```
ExecuteReader()
        Do While rdSpeciality.Read()
            lstSpeciality.Items.Add(rdSpeciality.Item(0))
        Loop
        rdSpeciality.Close()
        Dim dset2 As OleDb.OleDbDataReader=cmddata.ExecuteReader
        data.ShowOleDbRd(Table1, dset2)
    End If
End Sub
```

七、结论

本设计主要完成对小型物流仓库管理系统的查询、添加、修改、删除、联系这五个模块的建立,并由此设计了数据库结构和应用程序。本文所设计的小型物流仓库管理系统可以满足工作人员和初学者学习和研究两方面的需要。

企业物流管理系统是典型的信息管理系统,其开发主要包括后台数据库的建立和维护,以及前端应用程序的开发两个方面。对于前者要求建立起数据一致性和完整性强、数据安全性好的数据库,而对于后者则要求应用程序的功能完备、易使用等特点。

作 品 点 评

该作品是物流专业学生的毕业设计作品。学生利用学过的物流知识,结合物流企业的要求,以及网页设计的知识,建立了一个简单的小型仓库网站,给出网页界面图,可以直接感受到工作的成果,体现了学生毕业设计的实践性,体现了软件开发过程,工程性较强,工作量不大,但是很有现实意义,也有利于初学者的学习和探究。

该毕业设计过程不仅让学生完成了对学过知识的再学习,同时还为完成本系统学习了大量的新知识,完善了他们的知识体系,积累了一定的工作经验与工作方法。

实例二 亚德图书馆管理系统的设计

摘 要

随着信息全球化的加快,对图书管理提出了越来越高的要求,信息化、自动化、网络化、智能化,已成为现代图书管理的鲜明特征。图书馆作为一种信息资源的集散地,包含很多信息数据的管理。当前很多的图书馆都是初步开始使用,甚至尚未使用计算机进行信息管理。尽管图书馆有计算机,但是尚未用于信息管理,没有发挥它的效力,资源闲置比较突出。

关键词:Access 数据库;图书馆管理;VB 6.0;窗体

正 文

根据调查得知,部分图书馆对信息管理的主要方式是基于文本、表格等纸质介质的手工处理,对借阅者的借阅权限及借阅天数等用人工计算、手抄进行。图书馆的数据信息处理工作量大,容易出错;数据繁多,容易丢失,不易查找,且缺乏系统以及规范的信息管理手段,这就是图书馆管理信息系统开发的基本现状。

一、系统实现的功能

通过分析图书馆管理信息系统的应用需求,按照数据库设计理论,一步一步地给出系统需求说明书、局部ER图、全局ER图、系统关系模式、子模式,利用Microsoft Office Access 建立数据库。

本系统将实现下列功能:数据安全性的设计;多条件的查询,多条记录的检索,模糊查询;在运行界面输入信息,经检索校验后存入数据库;与读者进行借阅、续借、还书等系列操作。

进行具体的程序设计,具体划分了三类用户的操作权限。实现了数据库表的浏览,记录的添加、删除和修改;实现了多数据库表的连接操作;实现了多条件查询和模糊查询;实现了对不可更新查询结果集的更新操作;实现了主从表操作;实现了密码维护功能。

二、系统应用的开发工具

本系统设计采用了Microsoft Office Access 数据库和Microsoft Visual Basic 6.0,该数据库的设计简单且带有良好的安全性,其功能基本上能帮助程序开发者开发程序。Microsoft Office Access 数据库是微软公司Microsoft Office 的软件,自带安全性的设置,所以在这里我们采用了该软件的安全性设置,在打开数据库时设置了密码。

三、系统设计

1. 系统需求分析

图书馆管理系统需要满足来自三方面的需求,这三个方面分别是读者、图书馆工作人员和图书馆管理人员。读者的需求是查询图书馆所存的图书、个人借阅情况;图书馆工作人员对读者的借阅、续借及还书要求进行操作;图书馆管理人员的功能最为复杂,包括对工作人员、读者、图书进行管理和维护及系统状态的查看、维护。

读者可以通过图书馆工作人员或图书馆管理人员进行借阅图书、续借图书及归还图书。图书馆工作人员有修改读者借阅图书、续借图书和归还图书记录的权限,所以需对工作人员登录本系统进行更多的考虑。在此系统中,图书馆工作人员可以为读者加入借书记录或是还书记录。

图书馆管理人员功能的信息量大,数据安全性和保密性要求最高。本系统将实现对图书信息、读者信息、总体借阅情况信息的管理和统计,工作人员和管理人员的信息查看及维护。图书馆管理员可以浏览、查询、添加、删除、修改、统计图书的基本信息,浏览、查询、统计、添加、删除和修改读者的基本信息,浏览、查询、统计图书馆的借阅信息。

2. 系统模块设计

在系统设计时,通常要考虑系统是否有一部分功能被其他子模块共用,并将这部分功能单独在一个公用模块中实现。Visual Basic 恰好提供了 Module 可以实现公用模块。在 Visual Basic 中,Form 是最主要也是最经常用到的对象,本系统中的每个模块都要使用一个 Form 来实现。

3. 系统公用模块设计

为了方便而简单地设计代码,并取得更好的效果,本系统设计了一个公用模块。系统公用模块名称为 Module1,其中定义了六个变量和一个过程。

其代码如下:

```
Option Explicit
Public g_ws As Workspace
Public g_db As Database
Public g_rs As Recordset
Public g_strsql As String
Public readerid As String
Public readeridR As String
```

在 dbl 过程中的代码如下:

```
Public Sub dbl()
Set g_ws=DBEngine.Workspaces(0)
Set g_db=g_ws.OpenDatabase(App.Path+"\library.mdb", False, False, ";pwd=dejie")
End Sub
```

说明:该模块的功能主要是打开 Access 数据库;由于 Visual Basic 默认的引用工程不能设定 Workspace 一类的属性值,所以要在"工程"→"引用"中设置,如图 5-20 所示。

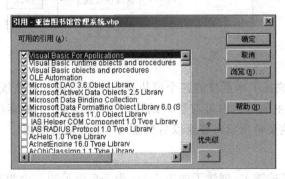

图 5-20 引用工程

4. 系统各子模块设计

系统各子模块的流程如图 5-21 所示。

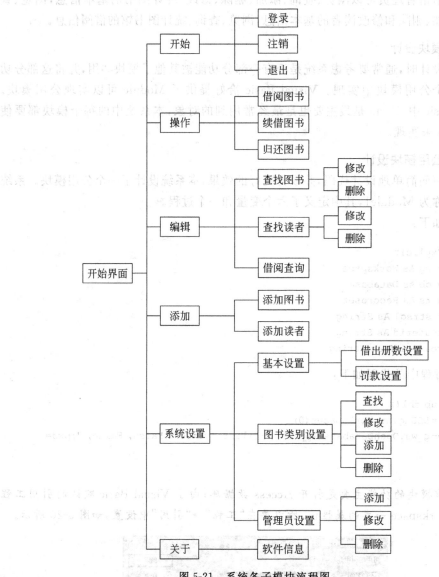

图 5-21 系统各子模块流程图

图 5-21 详细地描述了本系统的各个模块及各个子模块。将系统的子模块设计分组后，基本也就确定了主菜单的内容与层次结构。"开始界面"中的菜单只有"开始"和"关于"两项可以用，其他菜单项只有登录以后根据用户的权限去调用。

5. 数据库设计

分析本管理系统的需求，创建了如表 5-1～表 5-6 所示的六个数据表，分别为图书信息表、图书类别表、借阅信息表、读者信息表、系统设置表、用户信息表。

表 5-1 图书信息表

字 段	说 明	类 型	备 注
书籍编号		文本	主键
书籍名称		文本	
类别代码		文本	
出版社		文本	
作者姓名		文本	
书籍价格		数字	
书籍页码		文本	
登记日期		日期/时间	
是否借出	-1为借出,0为否	是/否	

表 5-2 图书类别表

字 段	说 明	类 型	备 注
类别代码		文本	主键
书籍类别		文本	
借出天数		数字	

表 5-3 借阅信息表

字 段	说 明	类 型	备 注
读者编号		文本	
书籍编号		文本	
借书日期		日期/时间	
还书日期		日期/时间	
超出天数		数字	
罚款金额		数字	

表 5-4 读者信息表

字 段	说 明	类 型	备 注
读者编号		文本	主键
读者姓名		文本	
读者性别		文本	
办证日期		日期/时间	
联系电话		文本	
班级		文本	
班主任		文本	

表 5-5　系统设置表

字　段	说　明	类　型	备　注
借出册数		数字	
罚款		数字	

表 5-6　用户信息表

字　段	说　明	类　型	备　注
ID		自动编号	主键
名称	用于登录	文本	
密码		文本	
超级管理员	－1 为是,0 为否	是/否	
数据库维护员	－1 为是,0 为否	是/否	
图书管理员	－1 为是,0 为否	是/否	

6. 系统程序实现

根据前面的系统分析与设计,本设计将在 Visual Basic 中实现图书馆管理系统。

(1) 建立工程项目——亚德图书馆管理系统

运行 Visual Basic 中文版后,Visual Basic 将默认新建一个工程并带一个新的窗体 Form1,本系统中删除默认生成的 Form1,然后保存项目工程为"亚德图书馆管理系统"。

在本系统中将包含以下几种类型的文件。

① 亚德图书馆管理系统.vbp 文件:这是项目工程文件,其中刻录了所有项目下的文件。

② *.frm 文件:对应每个窗体的文件,其中保存了窗体上控件的属性值,以及用户为窗体编写的代码。

③ *.frx 文件:每个窗体的二进制文件,包含窗体上所有控件的属性数据,其中也保存了窗体的二进制资源(如图片等),这些文件自动产生。

④ Module1.bas 文件:是项目工程的公用模块(Module)文件,其中定义了项目中公用的功能模块,如公用变量等。

(2) 创建主窗体 MDIForm1.frm

本系统是 MDI(多文档)界面。创建一个新的 MDIForm 的窗体,名称为 MDIForm1.frm,向窗体添加几个控件,并设置窗体的菜单。最后的主窗体界面如图 5-22 所示。

加入到主窗体的控件的主要属性如表 5-7 所示。

第五章 计算机(动漫、物流、电子商务、工业设计)类毕业设计实例

图 5-22 主窗体界面

表 5-7 主窗体的控件属性设置

控件	属性	属性值	备注
MDIForm1 (MDIForm)	Name	MDIForm1	窗体名称
	AutoShowChildren	False	不自动显示子窗体
	Caption	亚德图书馆管理系统	窗体标题
	Icon	(Icon)	窗体显示的图标
	Picture	(Bitmap)	主窗体的背景
	ScrollBars	True	有滚动条
	StartUpPosition	3-窗口默认	主窗体开始运行的位置
	WindowState	2-Maximized	窗体初始为最大化状态
Toolbar1 (Toolbar)	Name	Toolbar1	工具栏名称
	Align	1-vbAlignTop	排列方式
	ShowTips	True	显示提示
	Custom	属性页的设置,如图 5-23 所示	右击打开属性页
ImageList1 (ImageList)	Name	ImageList1	图形列表控件的名称
	Custom	属性页的设置,如图 5-24 所示	右击打开属性页
Timer1 (Timer)	Name	Timer1	计时器控件名称
	Interval	50	每隔 50ms 产生一次事件

续表

控件	属性	属性值	备注
StatusBar1 （StatusBar）	Name	StatusBar1	状态栏控件名称
	Align	2-vbAlignBottom	显示位置
	Font	宋体	显示的字体
	ShowTips	True	工具提示
	Custom	属性页的设置，如图 5-25 所示	右击打开属性页

工具栏 Toolbar1 的"属性页"对话框包括三个选项卡，即"通用"、"按钮"、"图片"选项卡。其中，"通用"、"按钮"选项卡如图 5-23 所示。

 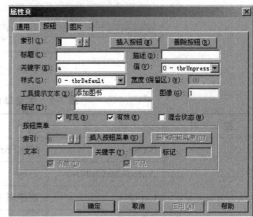

图 5-23 ToolBar1 属性

工具栏上可以包含多个按钮，在"按钮"选项卡中可为各个按钮设置相应的属性。ImageList1 控件的"属性页"对话框如图 5-24 所示。

图 5-24 ImageList1 属性

StatusBar1 的"属性页"对话框包括四个选项卡，即"通用"、"窗格"、"字体"、"图片"选项卡。其中，"通用"、"窗格"选项卡如图 5-25 所示。

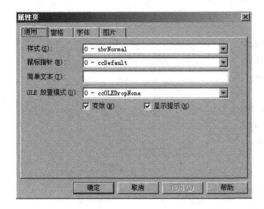 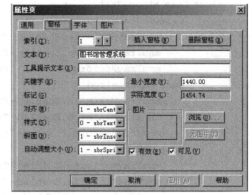

图 5-25 StatusBar1 属性

(3) 创建主窗体菜单

在主窗体设计界面中,右击窗体,从右键快捷菜单中选择"菜单编辑器"命令,弹出"菜单编辑器"对话框,如图 5-26 所示。

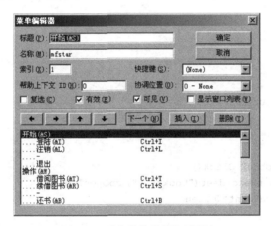

图 5-26 "菜单编辑器"对话框

在如图 5-26 所示的"菜单编辑器"对话框中,参照图 5-21 设计的系统各子模块来编辑主窗体的菜单结构。

(4) 编写主窗体模块的代码

主窗体模块的代码如下:

```
Option Explicit
Public LastState As Integer
Private Declare Function SendMessage Lib "user32" Alias "SendMessageA" (ByVal HWnd
As Long, ByVal wMsg As Long, ByVal wParam As Long, lParam As Any) As Long
Private Const WM_SYSCOMMAND= &H112
Private Const SC_MOVE= &HF010&
Private Const SC_RESTORE= &HF120&
Private Const SC_SIZE= &HF000&
Private Sub MDIForm_Resize()
```

```
        Select Case WindowState
                Case vbMinimized
                        mnuTrayMaximize.Enabled=True
                        mnuTrayMinimize.Enabled=False
                        mnuTrayRestore.Enabled=True
                Case vbMaximized
                        mnuTrayMaximize.Enabled=False
                        mnuTrayMinimize.Enabled=True
                        mnuTrayRestore.Enabled=True
                Case vbNormal
                        mnuTrayMaximize.Enabled=True
                        mnuTrayMinimize.Enabled=True
                        mnuTrayRestore.Enabled=False
        End Select
        If WindowState<>vbMinimized Then LastState=WindowState
End Sub
Private Sub mdiform_unload(Cancel As Integer)
        If MsgBox("你确定要退出吗?", vbInformation+vbOKCancel, "提示")=vbOK Then
        End
        Else
        Cancel=1
        End If
RemoveFromTray
End Sub
Private Sub mfabout_Click()
About.Show
MDIForm1.Enabled=False
End Sub
Private Sub mfaddbook_Click()
Set g_rs=g_db.OpenRecordset("booktype", dbOpenTable)
        If g_rs.RecordCount>0 Then
        addbook.Show
        Else
        MsgBox "请先设置书籍类别代码!", vbInformation+vbOKOnly, "警告"
        setbooktype.Show
        End If
Set g_rs=Nothing
End Sub
Private Sub mfaddreader_Click()
Addreader.Show
End Sub
Private Sub mfbooktype_Click()
setbooktype.Show
End Sub
Private Sub mdiform_load()
        If WindowState=vbMinimized Then
                LastState=vbNormal
        Else
                LastState=WindowState
```

```
        End If
        AddToTray Me, mnuTray
        SetTrayTip "图书馆管理系统"
Toolbar1.Buttons.Item(1).Enabled=False
Toolbar1.Buttons.Item(2).Enabled=False
Toolbar1.Buttons.Item(4).Enabled=False
Toolbar1.Buttons.Item(5).Enabled=False
Toolbar1.Buttons.Item(7).Enabled=False
mfwork.Enabled=False
mfadd.Enabled=False
mfedit.Enabled=False
mfsysteminfo.Enabled=False
welcome.Show
MDIForm1.Enabled=False
End Sub
Private Sub mfcheck_Click()
db1
frmcheck.Show
MDIForm1.Enabled=False
End Sub
Private Sub mfclose_Click()
    If MsgBox("你确定要退出吗?", vbInformation+vbOKCancel, "退出程序")=vbOK Then
        End
    End If
RemoveFromTray
End Sub
Private Sub mffindbook_Click()
findbook.Show
End Sub
Private Sub mffindreader_Click()
findreader.Show
End Sub
Private Sub mflent_Click()
lentbook.Show
End Sub
Private Sub mflest_Click()
    If MsgBox("你确定要注销吗?", vbInformation+vbOKCancel, "注销")=vbOK Then
        mfwork.Enabled=False
        mfadd.Enabled=False
        mfedit.Enabled=False
        mfsysteminfo.Enabled=False
        Toolbar1.Buttons.Item(1).Enabled=False
        Toolbar1.Buttons.Item(2).Enabled=False
        Toolbar1.Buttons.Item(4).Enabled=False
        Toolbar1.Buttons.Item(5).Enabled=False
        Toolbar1.Buttons.Item(7).Enabled=False
        StatusBar1.Panels(3).Text=""
    End If
```

```
End Sub
Private Sub MFreaderL_Click()
frmreaderL.Show
End Sub
Private Sub mfrennew_Click()
rennewbook.Show
End Sub
Private Sub mfreturn_Click()
returnbook.Show
End Sub
Private Sub mfsetadmin_Click()
setadmin.Show
End Sub
Private Sub mfsetinfo_Click()
setinfo.Show
End Sub
Private Sub mnuTrayClose_Click()
    Call mfclose_Click
End Sub
Private Sub mnuTrayMaximize_Click()
    WindowState=vbMaximized
End Sub
Private Sub mnuTrayMinimize_Click()
    WindowState=vbMinimized
End Sub
Private Sub mnuTrayRestore_Click()
    SendMessage HWnd, WM_SYSCOMMAND, _
        SC_RESTORE, 0&
End Sub
Private Sub Timer1_Timer()
StatusBar1.Panels(4)=Now
End Sub
Private Sub Toolbar1_ButtonClick(ByVal Button As MSComctlLib.Button)
Select Case Button.Key
    Case "a"
        Call mfaddbook_Click
    Case "b"
        Call mfaddreader_Click
    Case "c"
        Call mflent_Click
    Case "d"
        Call mfrennew_Click
    Case "e"
        Call mfreturn_Click
```

```
    Case "f"
        Call mflest_Click
    Case "h"
        Call mfclose_Click
End Select
End Sub
```

(5) 添加图书信息模块

在 Visual Basic 中新建一个 Form,保存为 addbook.frm,从工具箱中加入若干控件到窗体中。最后的添加图书信息的窗体界面如图 5-27 所示。

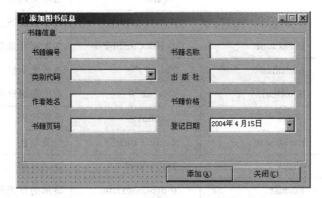

图 5-27　添加图书信息窗体界面

加入添加图书信息窗体的控件的主要属性如表 5-8 所示。

表 5-8　添加图书信息窗体的控件属性设置

控　件	属　性	属　性　值	备　注
addbook (Form)	Name	addbook	窗体名称
	Caption	添加图书信息	窗体标题
	Icon	(Icon)	窗体显示的图标
	MaxButton	False	没有最大化按钮
	MDIChild	True	MDI 子窗体
	MinButton	True	有最小化按钮
	StartUpPosition	0-手动	主窗体开始运行的位置
	WindowState	0-Normal	窗体初始为自动状态
Frame1 (Frame)	Name	Frame1	框架结构名称
	Caption	书籍信息	标题

续表

控 件	属 性	属 性 值	备 注
Text1~Text6 (TextBox)	Name	Text1	书籍编号文本框
		Text2	书籍名称文本框
		Text3	出版社文本框
		Text4	作者姓名文本框
		Text5	书籍价格文本框
		Text6	书籍页码文本框
	Alignment	0-Left Justify	文本框对齐方式
	BackColor	&H00C0FFFF&	文本框背景颜色
	Multiline	False	单行文本框
	ScrollBars	0-None	不出现滚动条
Combo1 (ComboBox)	Name	Combo1	类别代码
	BackColor	&H00C0FFFF&	背景颜色
DTPicker1 (DTPicker)	Name	DTPicker1	登记日期
	Format	0-dtpLongDate	显示的日期和时间
Command1 (CommandButton)	Name	Command1	按钮名称
	Cancel	False	不是窗体的取消按钮
	Caption	添加(&A)	按钮标题
	Default	True	窗体的默认命令按钮,用户在窗体中按Enter键会激发该按钮的Click事件
Command2 (CommandButton)	Name	Command2	按钮名称
	Cancel	True	窗体的取消按钮,用户在窗体中按Esc键会激发该按钮的Click事件
	Caption	关闭(&C)	按钮标题
	Default	False	不是窗体的默认命令按钮
Label1~Label8			用于说明相应的控件的内容

其实现的代码如下：

```
Option Explicit
Private Sub Command1_Click()
If Text1.Text="" Then
    MsgBox "书籍编号不能为空!",vbInformation+vbOKOnly,"警告"
    Text1.SetFocus
    Exit Sub
```

```vb
        End If
        If Text2.Text="" Then
            MsgBox "书籍名称不能为空!", vbInformation+vbOKOnly, "警告"
            Text2.SetFocus
            Exit Sub
        End If
        If Combo1.Text="" Then
            MsgBox "类别代码不能为空!", vbInformation+vbOKOnly, "警告"
            Combo1.SetFocus
            Exit Sub
        End If
        If Text3.Text="" Then
            MsgBox "出版社不能为空!", vbInformation+vbOKOnly, "警告"
            Text3.SetFocus
            Exit Sub
        End If
        If Text4.Text="" Then
            MsgBox "作者姓名不能为空!", vbInformation+vbOKOnly, "警告"
            Text4.SetFocus
            Exit Sub
        End If
        If Text5.Text="" Then
            MsgBox "书籍价格不能为空!", vbInformation+vbOKOnly, "警告"
            Text5.SetFocus
            Exit Sub
        End If
        If Text6.Text="" Then
            MsgBox "书籍页码不能为空!", vbInformation+vbOKOnly, "警告"
            Text6.SetFocus
            Exit Sub
        End If
        Set g_rs=g_db.OpenRecordset("select * from bookinfo", dbOpenDynaset)
        If g_rs.RecordCount>0 Then
            g_rs.MoveFirst
                Do While Not g_rs.EOF
                    If g_rs!书籍编号=Text1.Text Then
                        MsgBox "对不起,该书籍编号已经存在,请重新输入!", vbInformation+vbOKOnly, "警告"
                        Set g_rs=Nothing
                        Exit Sub
                    End If
                    g_rs.MoveNext
                Loop
        End If
        g_rs.AddNew
            g_rs!书籍编号=Text1.Text
            g_rs!书籍名称=Text2.Text
            g_rs!类别代码=Mid(Combo1.Text, 1, 1)
            g_rs!出版社=Text3.Text
```

```
            g_rs!作者姓名=Text4.Text
            g_rs!书籍价格=Text5.Text
            g_rs!书籍页码=Text6.Text
            g_rs!登记日期=DTPicker1.Value
            g_rs!是否借出=False
    g_rs.Update
    Text1.Text=""
    Text2.Text=""
    Text3.Text=""
    Text4.Text=""
    Text5.Text=""
    Text6.Text=""
    Set g_rs=Nothing
    MsgBox "书籍信息已成功添加!", vbInformation+vbOKOnly, "信息"
End Sub
Private Sub Command2_Click()
Unload Me
End Sub
Private Sub Form_Load()
db1
DTPicker1.Value=Date
Set g_rs=g_db.OpenRecordset("booktype", dbOpenTable)
Combo1.Clear
If g_rs.RecordCount>0 Then
    g_rs.MoveFirst
        Do While Not g_rs.EOF
            Combo1.AddItem g_rs!类别代码+"- "+g_rs!书籍类别
            g_rs.MoveNext
        Loop
    Set g_rs=Nothing
Else
MsgBox "请先设置书籍类别代码!", vbInformation+vbOKOnly, "警告"
setbooktype.Show
Unload Me
End If
End Sub
```

(6) 其他窗体模块

其他的窗体模块在这里就不详细介绍了,它们的界面以及控件的添加、控件属性的设置请参考添加图书信息这一模块或打开 VB 文件作为参考。

四、总结

本文讲解了一个基本的图书馆管理系统,从系统功能需求分析、数据需求分析开始,对系统进行了规划,然后进行了系统设计、系统实施,逐步讲述了如何使用 Visual Basic 和 Access 数据库实现管理系统。

本管理系统是典型的信息管理系统(MIS),其开发主要包括后台数据库的建立和维护,以及结合开放式图书馆的要求,对 Microsoft Office Access 数据库技术和开发工具 Microsoft Visual Basic 6.0 中文版进行了较深入的学习和应用。系统运行结果证明,所设计的图书馆管理系统可以满足借阅者、图书馆工作人员和管理员三方面的需要。

作 品 点 评

该作品是计算机应用专业(计算机网络方向)学生的毕业设计作品。学生选择了图书馆管理系统的设计课题,体现了学生毕业设计的实践性特征。利用学过的计算机软件知识,结合实际的图书馆知识,建立了这个简单的图书馆管理系统。纵观全文,论文体现了软件开发过程,包括需求分析、功能设计、数据库设计以及编码实现,论文框架结构清晰,比较完整。

作品直接给出了数据表的物理结构,但对代码解释很少,显示出学生对专业知识掌握程度还存在不足。工作量不大,但是系统就是为了管理好图书馆信息而设计的,软件运行正确,实用性强,完全达到了设计的任务要求,很有现实意义。

实例三　想念巧克力包装设计

摘　　要

包装作为人类智慧的结晶,广泛用于生活、生产中。早在公元前 3000 年,埃及人开始用手工方法熔铸、吹制原始的玻璃瓶,用于盛装物品,同一时期埃及人用纸莎草的芯髓制成了一种原始的纸张用于包装物品;公元前 105 年,蔡伦发明了造纸术,在中国出现了用手工造的纸做成的标贴。在人类历史发展的长河中,包装设计推动人类文明不断向前发展,时至今日,包装已不仅仅停留在保护商品的层面上,它还给人类带来了艺术与科技完美结合的视觉愉悦以及超值的心理享受。

本论文讲述的是四款想念巧克力的系列包装设计——牛奶夹心巧克力、白巧克力、黑巧克力、酒心巧克力,这四款包装设计呈现了不同的主题,以吸引不同消费者的青睐。

关键词:包装设计;色彩包装;巧克力口味

正　　文

一、包装概述

包装是品牌理念、产品特性、消费心理的综合反映,它直接影响消费者的购买欲。我们深信,包装是建立产品与消费者亲和力的有力手段。

经济全球化的今天,包装与商品已融为一体。包装作为实现商品价值和使用价值的手段,在生产、流通、销售和消费领域中,发挥着极其重要的作用,是企业界不得不关注的重要课题。包装的功能是保护商品,传达商品信息,方便使用,方便运输,促进销售,提高产品附加值。

1. 外形要素

外形要素就是商品包装展示面的外形,包括展示面的大小、尺寸和形状。在考虑包装设计的外形要素时,还必须从形式美法则的角度去认识它。按照包装设计的形式美法则,结合产品自身功能的特点,将各种因素有机、自然地结合起来,以求得完美统一的设计形象。

2. 构图要素

构图是将商品包装展示面的商标、图形、文字和色彩组合排列在一起,形成一个完整的画面。这四个构图要素的组合构成了包装装潢的整体效果,运用得正确、适当、美观,就可称为优秀的设计作品。

（1）商标设计

商标是一种符号,是企业、机构、商品和各项设施的象征。它将丰富的内容以更简洁、更概括的形式,在相对较小的空间里表现出来,同时需要观察者在较短的时间内理解其内在的含义。商标一般可分为文字商标、图形商标以及文字图形相结合的商标三种形式。

（2）图形设计

包装装潢的图形主要指产品的形象和其他辅助的装饰形象等。图形作为设计的语言,就是要形象地把内在、外在的构成因素表现出来,以视觉形象的形式把信息传达给消费者。

（3）色彩设计

包装色彩要求平面化、匀整化,以人们的联想和色彩的习惯为依据。同时,包装的色彩还必须受到工艺、材料、用途和销售地区等的限制。

（4）文字设计

文字是传达思想,交流感情和信息,表达某一主题内容的符号。商品包装上的牌号、品名、说明文字、广告文字以及生产厂家、公司或经销单位等,反映了包装的本质内容。设计包装时必须把这些文字作为包装整体设计的一部分来统筹考虑。

3. 设计内容

（1）展示面设计

假如一个纸盒包装有六个面,通常需要设计五个面(底面设计相对程度都很低)。一个容器有一个到三个标贴,最多可五六个,但不是同等对待,为了吸引消费者的视线,必须决定其中的主要展示面设计。主要展示面一般直接面对消费者,应认真推敲商标品名、商品形象、生产厂家等的排放位置,让人一目了然。由于主要展示面的面积相对较小,同时本身就是商品形象,装潢的画面要迅速把商品介绍给消费者,采用文字和特写形象的手法直接表现出来。在同类商品中,首先进入消费者的主要展示面常常出现醒目的品名和商标,出现一个动人的形象,这些要根据商品的实际情况而定。有时可采用开天窗的方法,直接展示商品的形象,增加其宣传作用。在包装设计中,主要展示面起着传达商品信息的主导作用。

（2）整体设计

包装是立体物,人们看包装也是多角度的,在考虑主要展示面的同时,还要考虑和其他面的相互关系,考虑整个包装的整体形象。整体设计通过采用文字、图形和色彩之间连贯、重复、呼应及分割等手法,形成构图的整体。

① 一个纸盒包装,一般它的正面和反面为主要展示面。但是,如果侧面的宽度与主展示面相等,有时也可采用相同的设计风格将侧面设计为"主展示面",这样不管从什么角度看都能得到统一的感受。

② 侧面一般展现商品的成分、功能、重量、使用说明、保存期限、各主管部门的批号等说明性的文字。从形式要素和构成方式上,侧面和主展示面要有所联系又有所区别,以产生节奏性的变化,并体现科学和质量的保证。

③ 设计时可将字、图形和色彩跨面排列,把几个面联系为一个主体,形成一个大的"主展示面",而每个面的画面也是完整的。这种设计用于商店的陈列时,利用不同面的组合,形成一个大的广告画面,可达到强烈的视觉效果及宣传作用。

④ 包装的色彩设计离不开与容器的关系,离不开与标贴的关系,离不开与顶盖的关系。如在女性化妆品的白色容器上,配上白色的标贴、精致的线条边框、典雅的黑色字体,可显得洁净高雅。

二、产品分析

1. 巧克力介绍

巧克力是世界上最受欢迎的食品之一,它是将热带植物可可的果实可可豆磨成粉后,再加入糖和香料等制成的。巧克力带有浓郁的香味,用它可以制作出各种糖、糕点以及冰激凌等。

2. 销售额分析

2008年监测零售店巧克力销售额为9900.58万元,占30种商品销售额的2.69%,占全部商品零售的0.94%;在30种商品中排第15位,与2007年相比上升了2位;占30种商品总销售额的比例比2007年增加了0.16%,占全部商品零售总额比例比2007年增加了0.13%。

3. 巧克力品牌分析

2008年监测范围内的巧克力品牌总数为109个,比2007年减少了12.8%;平均单个品牌销售额为58.8万元,平均值以上的品牌有12个(占11.01%),平均值以下的品牌有97个(占88.99%);进入500领先品牌的有15个,与2007年相同,其中健达新进入500领先品牌;进入500领先品牌占巧克力品牌总数的13.7%,占500领先品牌的2.76%,比各品种平均值低0.57%;排位较高的是德芙(第13位),在500领先品牌中排位上升幅度最大的是金丝猴,下降幅度最大的是莱勒克。

4. 消费者分析

消费者定位可简单地解释为把商品"卖给谁"。我们可以根据消费者的不同类型进行定位设计,例如消费对象可分为男性或者女性,又可分为老人、中年人、青年或者儿童,所以在定位设计中可以从这些层次去考虑。再者,可根据消费者心理来进行定位设计,包装设计要根据消费者的不同心理和审美角度来考虑,以引起不同消费者的购买兴趣。

三、包装设计的调研

1. 社会需求和可行性

目前巧克力产业的全球收入为 510 亿美元,而其中大部分贸易额集中在西欧地区,约为 300 亿美元。在爱尔兰、比利时、瑞士等国,巧克力产业是 GDP 的重要构成部分。中国巧克力市场是一个潜力巨大的市场,业内人士普遍认为,随着国民经济的发展,国民收入及消费水平的提高,未来 10 年内,国内巧克力市场将以每年接近 20% 的速度高速增长。我国的糖果巧克力产销量连续 5 年保持增长态势,成为食品工业中快速发展的行业之一,且糖果巧克力总产量正突破 136.6 万吨,销售额达 350.75 亿元。数据显示,我国糖果消费量增长迅速,而巧克力占据了甜食市场的"半壁江山"。

在这样的市场环境下,巧克力的市场是非常有潜力的。

2. 设计中要解决的问题

通过调查与研究,我们得出以下几点是在设计中要解决的问题。

(1) 确定公司名称与公司性质

确定的公司名称和性质如表 5-9 所示。

表 5-9 公司名称和性质

公 司 名 称	公 司 性 质	发 展 路 线
想念(Yearn)巧克力有限公司	生产巧克力系列产品	针对少年至中年口味的巧克力食品

(2) 确定公司背景

想念巧克力是世界最大休闲食品制造商想念(Yearn)巧克力有限公司推出的系列产品之一。本公司 1989 年在中国成立,1995 年成为中国巧克力领导品牌,"幼滑香浓,丝般享受"成为其经典广告语。巧克力似乎早已成为人们传递情感、享受美好瞬间的首选佳品。可是,走进商场,面对琳琅满目的巧克力品牌,消费者却难以抉择。面对太多的选择,消费者关心的不仅仅是一盒糖果,而是产品的品质如何、口感如何、味道如何,他们要求整盒巧克力可以带来非凡的体验。

(3) 商标的设计与建立

商业或标志设计被视为视觉计划,即 VI 计划,有了标志才能识别,识别是依赖标志来实现的。它以精炼的形象指称某一事物,表达一定的含义,传达特定的信息。相对于文字符号,标志表现为一种图形符号,具有更直观、更直接的信息传达作用。

"想念(Yearn)"的主要销售概念是"自由恋爱",一种既梦幻又甜蜜的恋爱,因此其标志设计采用一种有飘逸感觉的艺术字,加上外围一个有心心相印意义的双心,效果如图 5-28 所示。

图 5-28 "想念"标志

利用 Photoshop 钢笔工具勾画出"yearn"英文字和"想念"的中文字,再勾画出一条贯通五个英文字母的细线,在细线的末端加上一个小小的心形,在网上搜集手绘的心形素材,再把手绘心形摆设出心心相印的效果,让它包围着中文字与英文字。

(4) 产品包装的方向

在当今市场上,花样百出的商品包装琳琅满目,要怎样才能凸现本产品的销售理念呢?

想念(Yearn)是一家生产并销售巧克力的公司,经过讨论与研究,我们确定了四种不同系列的巧克力,分别针对四种不同年龄层的消费者。不同口味的巧克力表现了不同年龄对爱的体会。

我们推出的四种口味的巧克力——牛奶夹心巧克力、白巧克力、黑巧克力、酒心巧克力,它们代表着不同的爱:牛奶夹心巧克力代表着少年时期青梅竹马那种纯纯的爱;白巧克力代表着青年时期情窦初开对爱情一窍不通的心情;黑巧克力代表着比较成熟的青年对爱的理解已经加深,会好好珍惜身边的爱;酒心巧克力代表着中年时期对爱已经有很深的体会,他们之间的爱会像酒一样越来越醇。

(5) 广告宣传的方向

广告是打开市场的必要步骤,优秀的广告设计给人以强烈的视觉冲击力,并能引起观众的共鸣与购买欲望。我们见到的平面广告多数以海报的形式展现给人们。因此,我们广告宣传的方向也是采用海报的形式。

(6) 采用的关键技术

本设计在具体实现中采用的关键技术是 Photoshop 与 3ds Max。

① Photoshop 软件的应用范围很广,如商业海报、书籍设计、网页设计、图像合成处理、产品设计表现、艺术作品的创作表现等。Photoshop 具有支持多种图像格式以及多种色彩模式,可以对图像的色彩和色调进行任意的调整,有着丰富的绘图功能,因此我们利用 Photoshop 修改和调整图形的色彩,用图章工具修改图像,并复制一些图像到其他的指定位置,如 Logo 复制,以制作包装纸盒的立体效果。

② 3ds Max 可以进行多方面的效果设计,能使人们更直观地观看图像,而且其渲染效果良好,通过材质和贴图能更真实地表现对象。因此,Photoshop 与 CorelDRAW 很难实现的立体效果,我们就利用 3ds Max 来实现。

四、包装设计制作

1. 包装设计步骤

(1) 设计定位

要赋予包装新的设计理念,就必须做出准确的设计定位,从而做出适合发展需要的设计。

想念(Yearn)系列巧克力是将少年至中年的消费者作为主要销售对象,对于不同年龄层的销售对象需要采用不同的包装设计,明确主流消费群体,采用适度、适当的包装才能使包装的附加价值最大化。

(2) 设计风格

创作出独特的设计风格，更能吸引消费者的眼光。现代包装已不仅是简单的容纳与保护物品的容器，它还担负着传递商品信息和传播商品文化的双重任务。

根据主流消费人群的调查，想念（Yearn）系列巧克力应融入多种能表达出自由恋爱的图案、花纹，以表达出无论年龄大小都应享有自由恋爱的感觉。

成功的商品包装之所以能取悦人心，很重要的方面就是能打动消费者的心理，设计出消费者喜闻乐见的包装作品是至关重要的。

(3) 包装表现

包装受有限的空间，以及在时间上需要短时间内吸引消费者的限制，决定了包装设计不能盲目求全、面面俱到，而要突出表现重点。

包装有多种表现手法，要根据产品的特点来选择合适的表现手法。现代社会讲究简洁有力、经济实惠，因此想念（Yearn）系列巧克力采用直接表现法，简单直接地表现出产品的特点，并结合一些辅助方式，使商品形象更加突出，更为强烈。

系列设计：系列包装设计也称家族包装设计。在系列设计时，把企业标志、商标、色彩、专用图形、版面编排看做通用的元素，运用在不同规格、不同内容的商品上，使这些产品体现家族化的特征。

手提纸袋：可以容纳立体的商品，在纸袋上印上设计图案、商品品牌，作为推广品牌的配套设施。

(4) 广告海报

除了包装商品之外，宣传商品的广告也不可缺少。制作出有关商品的宣传海报，会更加吸引消费者的购买。

2. 牛奶夹心巧克力纸盒包装设计

纸盒包装上表现的要素有品牌名称、商标、公司名称、条形码、营养成分等。

以小朋友为主要对象，利用卡通图案为特色，加上鲜艳的颜色，营造出一种让人觉得很可爱又很活泼的感觉，更能吸引小朋友的青睐。

搜集素材后，选取了几幅能显现出此包装特点的卡通图，利用 Photoshop 的钢笔工具勾画出卡通兔的造型，放置在背景图上调整位置，如图 5-29 所示。巧克力包装上不能没有巧克力的形状，在此怎样才能把兔子造成有巧克力的感觉呢？

图 5-29　卡通兔造型

先用 Photoshop 的钢笔工具勾画出卡通兔的外形，再用 Photoshop 的图层样式中的斜面和浮雕功能来制作卡通兔的巧克力造型,把卡通兔加上巧克力的颜色(R:48;G:28;B:8),再调整斜面和浮雕功能中的参数令卡通兔更有巧克力的感觉,如图 5-30 所示。

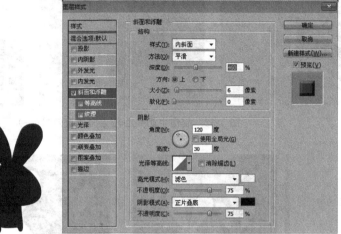

图 5-30　制作卡通兔的巧克力造型

加上一句活泼的标语"快跟朋友分享吧!",增加一种小朋友的感觉。在标语旁加上一只可爱的巧克力兔子,再逐渐添加其他营养成分表、配料等语句,最后在背面加入一个最近比较火热的大灰狼图案,如图 5-31 所示。

图 5-31　牛奶夹心巧克力纸盒包装设计最终效果

3. 牛奶夹心巧克力海报设计

以卡通为主体,卡通动物可使海报更有可爱、活泼的感觉。连调皮的大灰狼都盯上了可爱兔子手上的巧克力糖果,那么最爱巧克力糖果的小朋友怎么能错过呢?

童话故事中小红帽里的大灰狼为小朋友所熟悉。海报中大灰狼躲在小屋后流口水,但它居然不是想吃掉可爱的兔子,而是想吃掉它们手中的巧克力,不知道危险的兔子却正分享着好吃的巧克力。用 Photoshop 的图层遮掩功能把大灰狼的半个身子隐藏在屋子后面,"鬼鬼祟祟"地想偷吃兔子手中的巧克力,如图 5-32 所示。

可爱的兔子拿着巧克力正打算分享,所以没有察觉到大灰狼在偷看它们。用 Photoshop 的自由变换功能调整兔子、巧克力的位置和形状,把巧克力放在白兔子的手上,而大灰狼正打算把巧克力偷走,如图 5-33 所示。

图 5-32　制作牛奶夹心巧克力海报效果(一)

图 5-33　制作牛奶夹心巧克力海报效果(二)

最后在右下角的草地上加两句广告语就完成了,如图 5-34 所示。

图 5-34　牛奶夹心巧克力海报最终效果

4. 白巧克力纸盒包装设计

以青年人为主要对象,主要是在白色情人节期间推出,纯白色的包装引出白色情人节的气氛,而相缠在一起的花儿表达出恋人之间的甜蜜,两者相结合,更能吸引情侣来购买。

在网上参考了一下其他巧克力的包装设计,确定好方案后就开始制作。首先用 Photoshop 的钢笔工具勾画出盒子和其他要用到的形状,填充颜色,再决定 Logo 的放置位置,就可以制作花纹了。花纹效果如图 5-35 所示。

图 5-35　制作白巧克力纸盒包装花纹效果

用 Photoshop 的自由变换工具调整位置和变形，先把花纹放到合适的位置，然后使用自由变换工具，按住 Ctrl 键后拉动角点调整位置，这样做完后，花纹就显得和谐了。解决完位置的问题后就轮到颜色的问题了，这次我们选择用色相/饱和度工具，先选择花纹的图层，然后调出"色相/饱和度"对话框，勾选"着色"复选框，再调整色相、饱和度、亮度这三者的数值。

接着在盒子背部用素材营造出雪花飘落的感觉，底部添加营养成分、配料成分，这样就大功告成了，如图 5-36 所示。

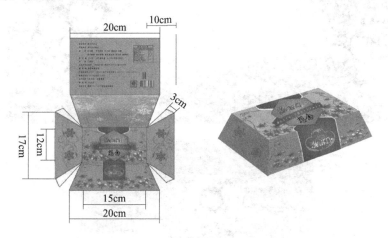

图 5-36　白巧克力纸盒包装设计最终效果

5. 白巧克力海报设计

以清新的画风、简单的线条，勾画出在这白色的季节里，女孩收到巧克力后，幸福地躺在男孩温暖的臂弯里，享受这一刻的无限甜蜜。天空似乎也感觉到他们的爱意，悄悄变成了淡淡的粉红色，旁边的小狗也向他们露出了祝福的微笑。

先决定设计方案，然后就搜集需要用到的素材。因为是以白色为主题，所以就设计为下雪天，再画上一些物体来丰富背景，一个美丽的背景就做好了，如图 5-37 所示。

因为这是情人节巧克力，当然要有情侣了，可是网上找到的情侣图片都是带着背景的，不可以直接复制过来，怎么办呢？这时我们就想起了 Photoshop 中的钢笔工具。在搜集到的素材上使用钢笔工具，沿着想要的物体轮廓勾画出线来。按 Ctrl+Enter 组合键，右击图层，再通过复制图层，这样就能把想要的物体选择出来了，然后把该图层粘贴到刚才制作的背景图上，修改一下位置，最后再添加广告语和 Logo，海报就完成了，如图 5-38 所示。

图 5-37　制作白巧克力海报效果

图 5-38　白巧克力海报最终效果

6. 黑巧克力纸盒包装设计

采用心形的外形设计，配合使人感觉轻松的花纹，搭配浅紫色作为主色调，吸引青年情侣购买作为礼物互相传达心意。

首先利用 3ds Max 制作一个心形图案，渲染前把宽度和高度调成 A4 纸大小，宽 2362 像素，高 1654 像素，渲染保存为 JPG 格式。然后把搜集到的彩带和巧克力图利用 Photoshop 的钢笔工具把彩带和巧克力勾画出来，放置在心形的盒子上面，调整好放置的位置，如图 5-39 所示。

到此遇到了巧克力放在彩带上会显得非常生硬的问题，怎样才能解决这个问题呢？

图 5-39　黑巧克力纸盒包装设计效果(一)

我们先在巧克力图层上用涂抹工具在边缘涂抹一次,然后利用 Photoshop 图层样式中的"外发光",把发光的颜色调整为 255、255、202,并调整"外发光"中的参数,使边缘柔和,如图 5-40 所示。

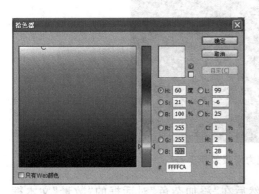
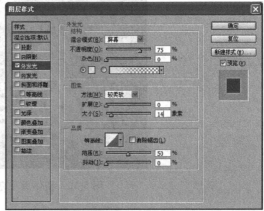

图 5-40　黑巧克力纸盒包装设计效果(二)

在彩带的左边添加标语"其实,爱就是这样……",使青年情侣看到后有一种想品尝一下的感觉。最后再添加其他营养成分表、配料等语句,如图 5-41 所示。

图 5-41　黑巧克力纸盒包装设计最终效果

7. 黑巧克力海报设计

采用夜晚下雪的天气作为背景，突出小男孩即使衣着单薄也要拿到巧克力送给心爱之人的决心。

首先把搜索到的小男孩和发光蘑菇图打开，利用 Photoshop 的橡皮工具把小男孩左上方的字擦掉，把制作好的巧克力立体图放到蘑菇上面，然后利用钢笔工具把蘑菇的一部分勾画出来，再复制该图层到盒子图层的上面，如图 5-42 所示。

图 5-42　制作黑巧克力海报效果（一）

新建一个图层，命名为"白点"，填充黑色，然后在"添加杂色"对话框的"数量"文本框中输入 400，点选"平均分布"单选按钮，再选择滤镜中的"其他—自定义"，将参数调整为如图 5-43 所示。

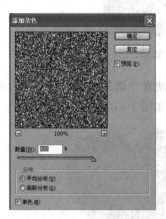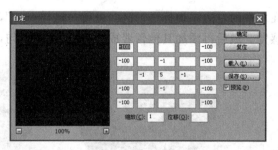

图 5-43　制作黑巧克力海报参数设置

利用矩形选框工具选择一部分，复制图层，命名为"雪花"。把"白点"图层隐藏，把"雪花"图层调整到满屏大小，然后在图层样式中选择"滤色"。新建一个图层，在图下方勾画出一片地方调出选区，选择一种外边柔和的画笔画出一片雪地，然后在左上方添加广告语，如图 5-44 所示。

第五章　计算机（动漫、物流、电子商务、工业设计）类毕业设计实例

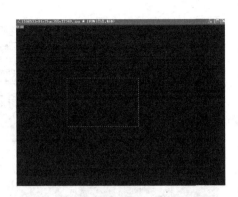

图 5-44　黑巧克力海报最终效果

8. 酒心巧克力纸盒包装设计

采用古典花纹加巧克力，颜色配合给人典雅的感觉。

搜集古典花纹素材后，用 Photoshop"色彩范围"选择取样颜色容差为 200，把花纹分开到每个图层，再放到适合的位置，如图 5-45 所示。

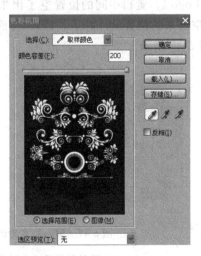

图 5-45　制作酒心巧克力纸盒包装设计效果（一）

选择花纹图层，先把填充的"不透明度"设为 0，再双击图层样式，添加内发光及斜面和浮雕，让它产生凸出效果，如图 5-46 所示。

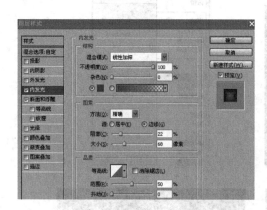
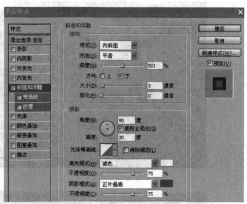

图 5-46 制作酒心巧克力纸盒包装设计效果（二）

放上 Logo 后，觉得中间的位置空了出来，就翻版德芙心语巧克力的包装效果，这样就把中间空出来的位置设计好了。最后，在底部添加营养成分、配料成分，这样就大功告成了，如图 5-47 所示。

图 5-47 酒心巧克力纸盒包装设计最终效果

9. 酒心巧克力海报设计

在一个漆黑的夜晚,一个男孩急匆匆地来到 Yearn 专卖店,想购买心语酒心巧克力,计划送给他的心上人。

搜集到一对可爱的小木偶图片,利用 Photoshop 的钢笔工具勾画出小木偶的外形,再用模糊工具把边缘模糊,如图 5-48 所示。

图 5-48 制作酒心巧克力海报效果(一)

背景用黑色到深蓝色的渐变。星星跟月亮图片通过 Photoshop 的自定形状工具得到,填充后把透明度设为 0,再双击图层样式,添加图层样式的外发光、内发光、斜面和浮雕,如图 5-49 所示。

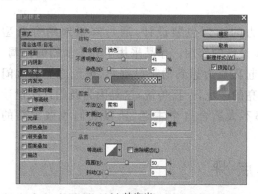 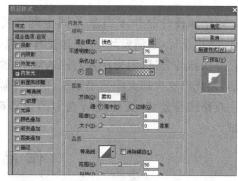

(a) 外发光　　　　　　　　　　　　(b) 内发光

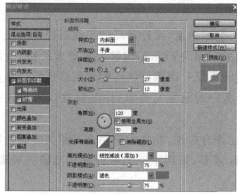 

(c) 斜面和浮雕　　　　　　　　　　(d) 效果图

图 5-49 制作酒心巧克力海报效果(二)

在小木偶的头部旁边加 Photoshop 自定形状工具中的云彩图片,让他好像在说想要酒心巧克力。再添加 Logo 与广告语,这样就完成了,如图 5-50 所示。

图 5-50　酒心巧克力海报最终效果

五、总结

本毕业设计制作了四款不同主题巧克力的系列包装设计,通过有机地结合造型设计、结构设计、装潢设计,充分地发挥了包装设计的作用。作品采用了轻柔梦幻的色调,这是一次新的尝试,因为在人们的认知中,说起巧克力想到的都是褐色、黑色之类的沉闷色彩,而我们这次却大胆采用了红、白色等鲜亮的颜色,一反传统,这是因为我们这次设计的主攻路线是爱情,而传统巧克力的色彩都不太适合这个主题,所以我们才做出新的尝试。

作 品 点 评

该作品是计算机应用(平面设计方向)专业学生的毕业设计作品。该课题为社会实践课题,因此商业性较强。

现代社会已经越来越注重产品的外观设计、艺术含量,设计产品的灵魂是现代科技与艺术的统一,也是科技与经济、文化的统一。商家对最终产品的包装要求非常严格,所以此次设计对强化学生的实践能力以及今后的就业都是一次很好的考验和实战训练。毕业设计紧密联系当今的市场发展趋势,正确分析客户的意见与要求,作品视觉效果比较突出,有理有据,图文结合,层次分明。

在毕业设计过程中,能够将所学知识很好地综合应用,在技术应用上对相关的设计软件掌握比较熟练,制作中能够考虑到设计的实际需要,采用正确的软件进行准确的表现,有创意,也很有现实意义。

实例四　商品管理系统的设计

摘　　要

本论文包括电子商务概述、程序概述、程序实现、总结四个部分，详细描述了商品管理系统的数据库设计和程序设计过程。其中，数据库设计阐述了包括销售表、库存表、进货表等的设计及其属性，程序设计则主要说明程序的设计过程及其代码等。

关键词：电子商务；商品；库存；销售；报表

正　　文

一、电子商务概述

20世纪90年代以来，随着计算机和网络的普及，电子商务应运而生。电子商务通常是指，在全球各地广泛的商业贸易活动中，在因特网开放的网络环境下，基于浏览器/服务器应用方式，买卖双方不谋面地进行各种商贸活动，实现消费者的网上购物、商户之间的网上交易和在线电子支付，以及各种商务活动、交易活动、金融活动和相关的综合服务活动的一种新型的商业运营模式。

电子商务可以利用信息网络，尽可能多地将各方购物要求汇集起来，以大批量订货赢得采购价的最大优惠；还可以通过网络直接与生产商联系，并借助生产商的供货渠道和库存网络，建立起自己的超级连锁销售集团。

人类已跨入信息化的网络经济时代，电子商务正以其迅速、广泛、深入的发展之势，丰富着人们千百年来形成的传统商品交易方式，对于这些商品资源的管理、信息的存储和处理也要有高效的管理方法和处理方式，商品管理的电算化进程是大势所趋。

二、程序概述

随着现代科学技术的迅猛发展，计算机技术已渗透到各个领域，成为各行业必不可少的工具，特别是Internet技术的推广和信息高速公路的建立，使IT产业在市场竞争中越发显示出其独特的优势。步入数字化时代，有巨大的数据信息等待着加工处理和传输，这使得对数据库的进一步开发和利用显得尤为迫切。

基于图形用户界面的Windows操作平台的出现，给计算机界带来了一场技术革命，充满图标与窗口的图形界面取代了传统单调的字符界面，给用户带来了形象、生动的感觉和灵活方便的操作。

本商品管理系统的程序设计主要应用Microsoft Access和Visual Basic等软件。Microsoft Access(Microsoft Office Access)是由微软发布的关联式数据库管理系统，它结合了Microsoft Jet Database Engine和图形用户界面两项特点，是Microsoft Office的

成员之一。

Assess 能够存取 Access/Jet、Microsoft SQL Server、Oracle 或者任何 ODBC 兼容数据库内的资料。

Visual Basic(VB)是一种由微软公司开发的包含协助开发环境的事件驱动编程语言,可以轻易地使用 DAO、RDO、ADO 连接数据库,或者轻松地创建 ActiveX 控件。

商品管理系统主要包括进货单、销售单的记录与查询,报表的打印和输出,用户的添加与修改密码等;按功能模块主要包括单据添加、单据查询、单据报表、用户管理、数据备份等。商品管理系统的模块如图 5-51 所示。

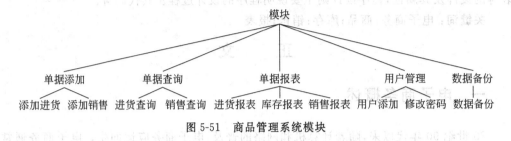

图 5-51　商品管理系统模块

三、程序实现

程序设计分为两部分,分别是数据库设计和 VB 程序设计。

1. 数据库设计

数据库设计分四个表,分别是用户验证表、进货表、库存表、销售表。

(1) 用户验证表

用户验证表是用于存储用户名与密码的表,它只有用户名与密码两个字段,用于登录界面的用户验证。用户验证表的字段与类型如表 5-10 所示。

表 5-10　用户验证表的字段与类型

字　段	类　型	格式(字段大小)
用户名	文本	12
密码	文本	12

建完用户验证表后,设置默认的用户名与密码,如图 5-52 所示。

图 5-52　默认的用户名与密码

(2) 进货表

进货表用于存储进货单的情况,可进行添加记录及查询等操作。它的详细字段与类型如表 5-11 所示。

表 5-11 进货表的字段与类型

字　段	类　型	格式（字段大小）
商品名称	文本	40
进货单价	货币	默认
进货数量	数字	长整形
进货总价	货币	默认
进货日期	日期	常规
经手人	文本	12

（3）库存表

库存表用于存储库存的情况，可进行添加记录及查询等操作。它的详细字段与类型如表 5-12 所示。

表 5-12 库存表的字段与类型

字　段	类　型	格式（字段大小）
商品名称	文本	40
库存量	数字	长整型

（4）销售表

销售表用于存储销售的情况，可进行添加记录及查询等操作。它的详细字段与类型如表 5-13 所示。

表 5-13 销售表的字段与类型

字　段	类　型	格式（字段大小）
商品名称	文本	40
销售单价	货币	默认
销售数量	数字	长整形
销售总价	货币	默认
销售日期	日期	常规
经手人	文本	12

2. 程序设计

该商品管理系统具有用户验证访问，添加与查询进货、销售记录，输出进货、库存、销售报表，添加用户，修改密码，数据备份，重排窗口等功能。

（1）用户验证

用户验证是整个程序的门户，是用户数据的安全保证，所以应该对用户名与密码文本框中能输入的内容进行限制。为了避免使用穷举法破解密码,应对密码的输入次数进行限制,这里的限制是三次。新建工程1,添加窗体1,添加控件,其窗体及控件属性如表 5-14 所示。

表 5-14 用户验证的窗体及控件属性

窗体及控件	属　　性	设　置　值
窗体 form1	名称	yonghuyanzheng_ct
	caption	用户验证
文本框 text1	名称	yonghuming_wbk
	text	
	maxlength	12
文本框 text2	名称	mima_wbk
	maxlength	12
	passwordchar	*

用户验证的运行效果如图 5-53 所示。

事件代码如下:

图 5-53 用户验证的运行效果

```
'限制密码文本框,只能输入字母、数字以及退格键、Tab 键
private sub mima_wbk_keypress(keyascii as integer)
    if not (keyascii>=asc("0") and keyascii<=asc("9") or keyascii>=asc("a") and keyascii<=asc("z") or keyascii>=asc("a") and keyascii<=asc("z") or keyascii=vbkeyback or keyascii=vbkeytab) then
        keyascii=0
    end if
end sub
'密码验证
private sub queding_an_click()
    dim yonghuming_bl as string          '定义用户名变量
    dim mima_bl as string                '定义密码变量
    static i as integer
    i=i+1
    yonghuming_bl=yonghuming_wbk.text
    mima_bl=mima_wbk.text
    '定义查询用户名 SQL
    sql="select * from 用户验证 where 用户名='" & yonghuming_bl & "'"
    set mokuai_ct.shujuku_bl=opendatabase(app.path+"\db.mdb")
    set mokuai_ct.shujuyuan_bl=mokuai_ct.shujuku_bl.openrecordset(sql)
    '判断用户名是否存在
```

```
        if mokuai_ct.shujuyuan_bl.eof=false then
            yonghuming_bl=mokuai_ct.shujuyuan_bl.fields("用户名")
        elseif i<3 then
            msgbox "无效的用户名",,"提示"
            yonghuming_wbk.text=""
            exit sub
        else
            msgbox "多次错误登录,再见!",,"提示"
            end
        end if
        sql="select * from 用户验证 where 用户名='" & yonghuming_bl & "' and 密码='" & mima_bl & "'"                          '定义查询密码 SQL
        set mokuai_ct.shujuyuan_bl=mokuai_ct.shujuku_bl.openrecordset(sql)
    '判断密码是否正确
    if mokuai_ct.shujuyuan_bl.eof=false then
        mokuai_ct.yonghuming_bl=mokuai_ct.shujuyuan_bl.fields("用户名")
        zhu_ct.show
        unload me
    elseif i<3 then
        msgbox "无效的密码",,"提示"
        mima_wbk.text=""
    else
        msgbox "多次错误登录,再见!",,"提示"
        end
    end if
end sub
'退出
private sub quxiao_an_click()
    unload me
end sub
'限制用户名文本框,只能输入字母、数字以及退格键、Tab 键
private sub yonghuming_wbk_keypress(keyascii as integer)
    if not (keyascii>=asc("0") and keyascii<=asc("9") or keyascii>=asc("a") and keyascii<=asc("z") or keyascii>=asc("A") and keyascii<=asc("Z") or keyascii=vbkeyback or keyascii=vbkeytab) then
        keyascii=0
    end if
end sub
```

(2) Mdi 主窗体

主窗体的功能是管理通向各模块的通道,除了数据备份、窗口排列及退出功能将在主窗体实现外,其他的都由主窗体连接到各个模块。对于数据备份功能,定义了新对象 Filesystemobject,利用对象的新建以及复制完成数据备份功能。添加 Mdi 窗体 1,其窗体属性如表 5-15 所示。

表 5-15 主窗体属性

窗 体	属 性	设 置 值
Mdi 窗体 form1	名称	zhu_ct
	caption	商品管理系统

添加菜单,其菜单属性如表 5-16 所示。

表 5-16 菜单属性

菜 单 标 题		名 称
添加记录		tianjiajilu_cd
	添加进货	tianjiajinhuo_cd
	添加销售	tianjiaxiaoshou_cd
查询		chaxun_cd
	进货查询	jinhuochaxun_cd
	销售查询	xiaoshouchaxun_cd
报表		baobiao_cd
	进货报表	jinhuobaobiao_cd
	库存报表	kucunbaobiao_cd
	销售报表	xiaoshoubaobiao_cd
系统维护		xitongweihu_cd
	添加用户	tianjiayonghu_cd
	修改密码	xiugaimima_cd
	数据备份	shujubeifen_cd
窗口		chuangkou_cd
	水平平铺	shuipingpingpu_cd
	垂直平铺	chuizhipingpu_cd
	层叠排列	chengdiepailie_cd
退出		tuichu_cd

菜单结构图如图 5-54 所示。

主窗体的运行效果如图 5-55 所示。

事件代码如下:

```
option explicit
'显示各菜单窗口
private sub cengdiepailie_cd_click()
    zhu_ct.arrange vbcascade
```

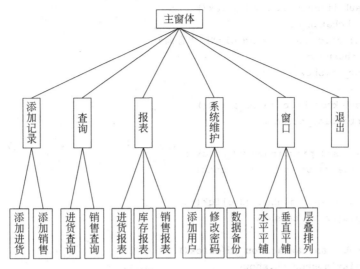

图 5-54 菜单结构图

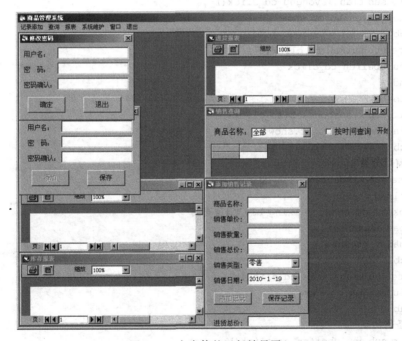

图 5-55 主窗体的运行效果图

```
end sub
private sub chuizhipingpu_cd_click()
    zhu_ct.arrange vbtilevertical
end sub
private sub jinhuobaobiao_cd_click()
    jinhuobaobiao_ct.show
end sub
'查询窗口分类
```

```
private sub jinhuochaxun_cd_click()
    unload chaxun_ct
    mokuai_ct.chaxunleixing_bl="进货查询"
    load chaxun_ct
    chaxun_ct.show
end sub
private sub kucunbaobiao_cd_click()
    kucunbaobiao_ct.show
end sub
private sub shuipingpingpu_cd_click()
    zhu_ct.arrange vbtilehorizontal
end sub
private sub tianjiajinhuo_cd_click()
    tianjiajinhuo_ct.show
end sub
private sub tianjiaxiaoshou_cd_click()
    tianjiaxiaoshou_ct.show
end sub
private sub tianjiayonghu_cd_click()
    tianjiayonghu_ct.show
end sub
private sub tuixhu_cd_click()
    shujubeifen_cd_click
    end
end sub
private sub xiaoshoubaobiao_click()
    xiaoshoubaobiao_ct.show
end sub
'查询窗口分类
private sub xiaoshouchaxun_cd_click()
    unload chaxun_ct
    mokuai_ct.chaxunleixing_bl="销售查询"
    load chaxun_ct
    chaxun_ct.show
end sub
private sub xiugaimima_cd_click()
    xiugaimima_ct.show
end sub
'数据备份功能
private sub shujubeifen_cd_click()
    on error goto a:
        dim beifen_bl as new filesystemobject      '定义对象
'使用对象创建文件夹
        beifen_bl.createfolder (app.path+"\back")
'使用对象复制文件
        beifen_bl.copyfile app.path+"\db.mdb", app.path+"\back\dbback.mdb"
        msgbox "系统已经将数据文件进行了备份!",,"提示"
        exit sub
a:
```

```
    beifen_bl.copyfile app.path+"\db.mdb", app.path+"\back\dbback.mdb"
    msgbox "系统已经将数据文件进行了备份!",,"提示"
    exit sub
end sub
```

(3) 单据添加

各个细分模块的设计方法大致一样,都是通过数据库的链接来完成,下面通过添加进货窗体来说明。添加窗体 1,添加控件,其窗体及控件属性如表 5-17 所示。

表 5-17 添加进货窗体及控件属性

窗体及控件	属 性	设 置 值
窗体 form1	名称	tianjiajinhuo_ct
	caption	添加进货记录
命令按钮 command1	名称	tianjiajilu_an
	caption	添加记录
命令按钮 command2	名称	baocunjilu_an
	caption	保存记录
文本框 text1	名称	shangpinmingcheng_wbk
	text	
文本框 text2	名称	jinhuodanjia_wbk
	text	
文本框 text3	名称	jinhuoshuliang_wbk
	text	
文本框 text4	名称	jinhuozongjia_wbk
	text	
dtpicker	名称	jinhuoriqi_kj

添加进货窗体的运行效果如图 5-56 所示。

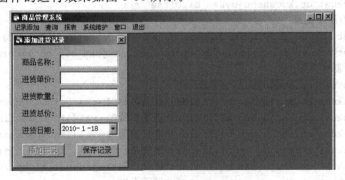

图 5-56 添加进货窗体的运行效果

事件代码如下：

```
option explicit
'控制控件状态的自定义程序
private sub kongjianzhuangtai_cx()
    shangpinmingcheng_wbk.enabled=mokuai_ct.kongjianzhuangtai_bl
    jinhuodanjia_wbk.enabled=mokuai_ct.kongjianzhuangtai_bl
    jinhuoshuliang_wbk.enabled=mokuai_ct.kongjianzhuangtai_bl
    jinhuozongjia_wbk.enabled=mokuai_ct.kongjianzhuangtai_bl
    jinhuoriqi_kj.enabled=mokuai_ct.kongjianzhuangtai_bl
    baocunjilu_an.enabled=mokuai_ct.kongjianzhuangtai_bl
    tianjiajilu_an.enabled=not mokuai_ct.kongjianzhuangtai_bl
end sub
'添加单据的主程序模块
private sub baocunjilu_an_click()
    if not (shangpinmingcheng_wbk.text="" and jinhuodanjia_wbk.text="" and jinhuoshuliang_wbk.text="" and jinhuozongjia_wbk.text="") then '判断文本框是否为空
        sql="select * from 库存表 where 商品名称='" & shangpinmingcheng_wbk.text & "'"        '定义 SQL 语句
        set mokuai_ct.kucunshujuyuan_bl=mokuai_ct.shujuku_bl.openrecordset(sql)
'使用 Ado 控件语句链接数据库
'判断库存表中是否有该商品,没有的就添加新记录,有的就增加数量
        if mokuai_ct.kucunshujuyuan_bl.eof then
            mokuai_ct.kucunshujuyuan_bl.addnew
            mokuai_ct.kucunshujuyuan_bl.fields("商品名称")=shangpinmingcheng_wbk.text
            mokuai_ct.kucunshujuyuan_bl.fields("库存量")=jinhuoshuliang_wbk.text
            mokuai_ct.kucunshujuyuan_bl.update
        else
            mokuai_ct.kucunshujuyuan_bl.edit
            mokuai_ct.kucunshujuyuan_bl.fields("库存量")=mokuai_ct.kucunshujuyuan_bl.fields("库存量").value+val(jinhuoshuliang_wbk.text)
            mokuai_ct.kucunshujuyuan_bl.update
        end if
        mokuai_ct.kucunshujuyuan_bl.close
'打开进货表添加记录
        set mokuai_ct.shujuku_bl=opendatabase(app.path+"\db.mdb")
        set mokuai_ct.shujuyuan_bl=mokuai_ct.shujuku_bl.openrecordset("进货表")
        mokuai_ct.shujuyuan_bl.addnew
        mokuai_ct.shujuyuan_bl.fields("商品名称")=shangpinmingcheng_wbk.text
        mokuai_ct.shujuyuan_bl.fields("进货单价")=val(jinhuodanjia_wbk.text)
        mokuai_ct.shujuyuan_bl.fields("进货数量")=val(jinhuoshuliang_wbk.text)
        mokuai_ct.shujuyuan_bl.fields("进货总价")=val(jinhuozongjia_wbk.text)
        mokuai_ct.shujuyuan_bl.fields("进货日期")=jinhuoriqi_kj.value
        mokuai_ct.shujuyuan_bl.fields("经手人")=mokuai_ct.yonghuming_bl
        mokuai_ct.shujuyuan_bl.update
```

```
            mokuai_ct.kongjianzhuangtai_bl=false
            kongjianzhuangtai_cx
        else
            msgbox "请填写完整的记录!",,"提示"
            shangpinmingcheng_wbk.setfocus
        end if
    end sub
'在窗体装载过程中,对时间和空间进行赋值并给出窗体中的控件状态
private sub form_load()
    jinhuoriqi_kj.value=date
    mokuai_ct.kongjianzhuangtai_bl=true
    kongjianzhuangtai_cx
end sub
private sub jinhuodanjia_wbk_change()
    if jinhuodanjia_wbk.text<>"" and jinhuoshuliang_wbk.text<>"" then
        jinhuozongjia_wbk.text=val(jinhuodanjia_wbk.text) * val (jinhuoshuliang_wbk.
        text)
    else
        jinhuozongjia_wbk.text=""
    end if
end sub
private sub jinhuodanjia_wbk_keypress(keyascii as integer)
    if not (keyascii>=asc("0") and keyascii<=asc("9") or keyascii=46 or keyascii=
    vbkeyback or keyascii=vbkeytab) then
        keyascii=0
    end if
end sub
private sub jinhuoshuliang_wbk_change()
    if jinhuodanjia_wbk.text<>"" and jinhuoshuliang_wbk.text<>"" then
        jinhuozongjia_wbk.text=val(jinhuodanjia_wbk.text) * val(jinhuoshuliang_wbk.
        text)
    else
        jinhuozongjia_wbk.text=""
    end if
end sub
'限制文本框中的输入内容
private sub jinhuoshuliang_wbk_keypress(keyascii as integer)
    if not (keyascii>=asc("0") and keyascii<=asc("9") or keyascii=vbkeyback or
keyascii=vbkeytab) then
        keyascii=0
    end if
end sub
private sub jinhuozongjia_wbk_keypress(keyascii as integer)
    if not (keyascii>=asc("0") and keyascii<=asc("9") or keyascii=46 or keyascii=
    vbkeyback or keyascii=vbkeytab) then
        keyascii=0
    end if
end sub
'添加子程序
```

```
private sub tianjiajilu_an_click()
    mokuai_ct.kongjianzhuangtai_bl=true
    kongjianzhuangtai_cx
    shangpinmingcheng_wbk.text=""
    jinhuodanjia_wbk.text=""
    jinhuoshuliang_wbk.text=""
    jinhuozongjia_wbk.text=""
    jinhuoriqi_kj.value=date
    shangpindaima_an.setfocus
end sub
```

(4) 单据查询

进货查询和销售查询的窗口是基本一致的。查询结果的显示是利用数据显示控件 FlexDataGrid 完成的，通过 DataGrid 的 textmatrix 方法将 FlexDataGrid 的数据列与记录集 RecordSet 中的数据列对应绑定，从而实现数据的绑定。下面通过进货查询窗体来介绍。进货查询窗体中还链接着报表窗体，是用于查询结果的报表。新建窗体，新建控件，其窗体及控件属性如表 5-18 所示。

表 5-18 进货查询窗体及控件属性

窗体及控件	属性	设置值
窗体 from1	名称	chaxun_ct
	caption	查询
	windowsstate	2-maximized
	mdichild	true
label1	caption	商品名称：
label2	caption	开始日期：
label3	caption	结束日期：
combobox1	名称	shangpinmingcheng_xllb
	text	全部
	list	全部
checkbox1	名称	anshijianchaxun_fx
	caption	按时间查询
	value	0-unchecked
dtpicker1	名称	kaishishijian_kj
dtpicker2	名称	jieshushijian_kj
command1	名称	kaishichaxun_an
	caption	开始查询

续表

窗体及控件	属　　性	设　置　值
command2	名称	baobiao_an
	caption	报表
	enabled	false
flggrid1	名称	flggrid1

进货查询窗体的运行效果如图5-57所示。

图5-57　进货查询窗体的运行效果

事件代码如下：

```
'报表数据源传递
private sub baobiao_an_click()
    if mokuai_ct.chaxunleixing_bl="进货查询" then
        baobiaoyuan_ct.commands("jinhuobaobiao_yuan").commandtext=sql
        jinhuobaobiao_ct.show
    elseif chaxunleixing_bl="销售查询" then
        baobiaoyuan_ct.commands("xiaoshoubaobiao_yuan").commandtext=sql
        xiaoshoubaobiao_ct.show
    end if
end sub
'初始化
private sub form_load()
    dim xh as integer
    dim bj as boolean
    chaxun_ct.caption=mokuai_ct.chaxunleixing_bl
    set mokuai_ct.shujuku_bl=opendatabase(app.path+"\db.mdb")
'判断不同类型的查询,以链接不同的数据库
    if mokuai_ct.chaxunleixing_bl="进货查询" then
        set mokuai_ct.shujuyuan_bl=mokuai_ct.shujuku_bl.openrecordset("进货表")
    elseif chaxunleixing_bl="销售查询" then
        set mokuai_ct.shujuyuan_bl=mokuai_ct.shujuku_bl.openrecordset("销售表")
    end if
    do while not shujuyuan_bl.eof
        for xh=0 to shangpinmingcheng_xllb.listcount-1
            if mokuai_ct.shujuyuan_bl.fields("商品名称")=shangpinmingcheng_xllb.list(xh) then
```

```
                bj=true
                exit for
            end if
        next xh
        if bj=false then
            shangpinmingcheng_xllb.additem mokuai_ct.shujuyuan_bl.fields("商品
            名称")
        end if
        mokuai_ct.shujuyuan_bl.movenext
    loop
    kaishiriqi_kj.value=date
    jieshuriqi_kj.value=date
end sub
'查询子程序
private sub kaishichaxun_an_click()
'判断查询类型
        if mokuai_ct.chaxunleixing_bl="进货查询" then
'判断是否按时间查询
            if anshijianchaxun_fx.value=0 then
'判断是否查询所有
                if shangpinmingcheng_xllb.text="全部" then
                    sql="select * from 进货表 "
                else
                    sql="select * from 进货表 where 商品名称='" & shangpinmingcheng_
                    xllb.text & "'"
                end if
            elseif anshijianchaxun_fx.value=1 then
                if shangpinmingcheng_xllb.text="全部" then
                    sql="select * from 进货表 where 进货日期 between # " & kaishiriqi_
                    kj.value & "# and # " & jieshuriqi_kj.value & "# "
                else
                    sql="select * from 进货表 where 商品名称='" & shangpinmingcheng_
xllb.text & "' and   进货日期 between # " & kaishiriqi_kj.value & "# and # " &
jieshuriqi_kj.value & "# "
                end if
            end if
            set mokuai_ct.shujuyuan_bl=mokuai_ct.shujuku_bl.openrecordset(sql)
'表格控件格式控制
        flggrid.clear
        flggrid.cols=6
        flggrid.fixedcols=0
        flggrid.fixedrows=1
        flggrid.colwidth(0)=flggrid.width / 7
        flggrid.colwidth(1)=flggrid.width / 6
        flggrid.colwidth(2)=flggrid.width / 6
        flggrid.colwidth(3)=flggrid.width / 6
        flggrid.colwidth(4)=flggrid.width / 6
        flggrid.colwidth(5)=flggrid.width / 6
        flggrid.textmatrix(0, 0)="商品名称"
```

```
            flggrid.textmatrix(0, 1)="进货单价"
            flggrid.textmatrix(0, 2)="进货数量"
            flggrid.textmatrix(0, 3)="进货总价"
            flggrid.textmatrix(0, 4)="进货日期"
            flggrid.textmatrix(0, 5)="经手人"
            flggrid.rows=2
'判断记录是否为空
            if shujuyuan_bl.eof=true then
                msgbox "没有符合条件的记录",,"提示"
            else
                shujuyuan_bl.movefirst
'对表格内容进行输入
                do while not shujuyuan_bl.eof
                    flggrid.textmatrix(flggrid.rows - 1, 0)=mokuai_ct.shujuyuan_bl.
                    fields(0).value
                    flggrid.textmatrix(flggrid.rows - 1, 1)=mokuai_ct.shujuyuan_bl.
                    fields(1).value
                    flggrid.textmatrix(flggrid.rows - 1, 2)=mokuai_ct.shujuyuan_bl.
                    fields(2).value
                    flggrid.textmatrix(flggrid.rows - 1, 3)=mokuai_ct.shujuyuan_bl.
                    fields(3).value
                    flggrid.textmatrix(flggrid.rows - 1, 4)=mokuai_ct.shujuyuan_bl.
                    fields(4).value
                    flggrid.textmatrix(flggrid.rows - 1, 5)=mokuai_ct.shujuyuan_bl.
                    fields(5).value
                    flggrid.rows=flggrid.rows+1
                    shujuyuan_bl.movenext
                loop
            end if
            elseif mokuai_ct.chaxunleixing_bl="销售查询" then
                if anshijianchaxun_fx.value=0 then
                    if shangpinmingcheng_xllb.text="全部" then
                        sql="select * from 销售表 "
                        xiaoshoubaobiao_sql=sql
                    else
                        sql="select * from 销售表 where 商品名称='" & shangpinmingcheng_
                        xllb.text & "'"
                        xiaoshoubaobiao_sql=sql
                    end if
                elseif anshijianchaxun_fx.value=1 then
                    if shangpinmingcheng_xllb.text="全部" then
                        sql="select * from 销售表 where 销售日期 between # " & kaishiriqi_
                        kj.value & "# and # " & jieshuriqi_kj.value & "# "
                        xiaoshoubaobiao_sql=sql
                    else
                        sql="select * from 销售表 where 商品名称='" & shangpinmingcheng_
                        xllb.text & "' and 销售日期 between # " & kaishiriqi_kj.value &
                        "# and # " & jieshuriqi_kj.value & "# "
                        xiaoshoubaobiao_sql=sql
```

```
            end if
        end if
            set mokuai_ct.shujuyuan_bl=mokuai_ct.shujuku_bl.openrecordset
            (sql)
        flggrid.clear
        flggrid.cols=7
        flggrid.fixedcols=0
        flggrid.fixedrows=1
        flggrid.colwidth(0)=flggrid.width / 8
        flggrid.colwidth(1)=flggrid.width / 7
        flggrid.colwidth(2)=flggrid.width / 7
        flggrid.colwidth(3)=flggrid.width / 7
        flggrid.colwidth(4)=flggrid.width / 7
        flggrid.colwidth(5)=flggrid.width / 7
        flggrid.colwidth(6)=flggrid.width / 7
        flggrid.textmatrix(0, 0)="商品名称"
        flggrid.textmatrix(0, 1)="销售单价"
        flggrid.textmatrix(0, 2)="销售数量"
        flggrid.textmatrix(0, 3)="销售总价"
        flggrid.textmatrix(0, 4)="销售类型"
        flggrid.textmatrix(0, 5)="销售日期"
        flggrid.textmatrix(0, 6)="经手人"
        flggrid.rows=2
        if shujuyuan_bl.eof=true then
            msgbox "没有符合条件的记录", , "提示"
        else
            shujuyuan_bl.movefirst
            do while not shujuyuan_bl.eof
                flggrid.textmatrix(flggrid.rows - 1, 0)=mokuai_ct.shujuyuan_bl.
                fields(0).value
                flggrid.textmatrix(flggrid.rows - 1, 1)=mokuai_ct.shujuyuan_bl.
                fields(1).value
                flggrid.textmatrix(flggrid.rows - 1, 2)=mokuai_ct.shujuyuan_bl.
                fields(2).value
                flggrid.textmatrix(flggrid.rows - 1, 3)=mokuai_ct.shujuyuan_bl.
                fields(3).value
                flggrid.textmatrix(flggrid.rows - 1, 4)=mokuai_ct.shujuyuan_bl.
                fields(4).value
                flggrid.textmatrix(flggrid.rows - 1, 5)=mokuai_ct.shujuyuan_bl.
                fields(5).value
                flggrid.textmatrix(flggrid.rows - 1, 6)=mokuai_ct.shujuyuan_bl.
                fields(6).value
                flggrid.rows=flggrid.rows+1
                shujuyuan_bl.movenext
            loop
        end if
    end if
    baobiao_an.enabled=true
end sub
```

(5) 单据报表

单据报表模块分两部分,一部分由数据源 Dataenvironment 组成,另一部分由报表组成。我们需要先完成 Dataenvironment 后才能进行报表的设置。

在设计进货报表、库存报表、销售报表前,需要先为它们设定源。在这里我们使用 Dataenvironment 来进行设定。新建 Dataenvironment,将其名称属性修改为 "baobiaoyuan_ct",然后右击 Connection1,选择"属性",进行如图 5-58 所示的设置。

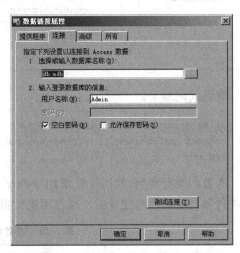

图 5-58 报表设置

测试链接成功后,再次右击 Connection1,添加三条命令,其命令属性如表 5-19 所示。

表 5-19 命令属性

命 令	属 性	设 置 值
decommand1	名称	jinhuobaobiao_yuan
	cachesize	100
	commandtext	select * from 进货表
	commandtimeout	30
	commandtype	1-adcmdtext
	connectionname	connection1
decommand2	名称	kucunbaobiao_yuan
	cachesize	100
	commandtext	select * from 库存表
	commandtimeout	30
	commandtype	1-adcmdtext
	connectionname	connection1

续表

命　令	属　性	设　置　值
decommand3	名称	xiaoshoubaobiao_yuan
	cachesize	100
	commandtext	select * from 销售表
	commandtimeout	30
	commandtype	1-adcmdtext
	connectionname	connection1

事件代码如下：

```
private sub dataenvironment_initialize()
connection1.connectionstring=app.path+"\db.mdb"
end sub
```

在数据源完成后，我们可以添加 datareport 并进行设置，datareport 的设置是通过添加控件和设置属性来完成的。现在用进货报表来说明，其控件属性如表 5-20 所示。

表 5-20　进货报表的控件属性

控　件	属　性	设　置　值
datareport1	名称	jinhuobaobiao_ct
	caption	进货报表
	datamember	jinhuobaobiao_yuan
	datasource	baobiaoyuan_ct
	mdichild	true
	caption	经手人
rpttext1	名称	text1
	datafield	商品名称
	datamember	jinhuobaobiao_yuan
rpttext2	名称	text2
	datafield	进货单价
	datamember	jinhuobaobiao_yuan
rpttext3	名称	text3
	datafield	进货数量
	datamember	jinhuobaobiao_yuan

续表

控 件	属 性	设 置 值
rpttext4	名称	text4
	datafield	进货总价
	datamember	jinhuobaobiao_yuan
rpttext5	名称	text5
	datafield	进货日期
	datamember	jinhuobaobiao_yuan
rpttext6	名称	text6
	datafield	经手人
	datamember	jinhuobaobiao_yuan

控件的摆放位置如图 5-59 所示。

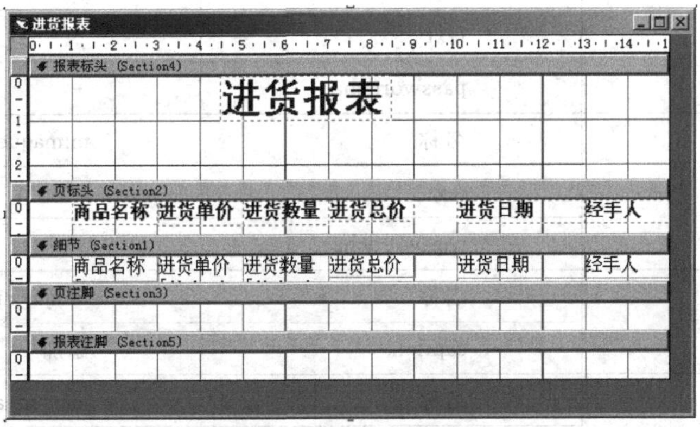

图 5-59　控件的摆放位置

进货报表窗体的运行效果如图 5-60 所示。

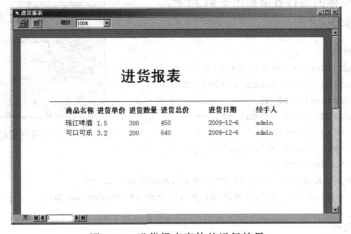

图 5-60　进货报表窗体的运行效果

（6）用户管理

用户管理模块包括用户添加和密码修改两个功能。这两个功能的实现方法大致相同，下面通过窗体来进行介绍。添加窗体、控件，其属性如表 5-21 所示。

表 5-21 添加用户窗体及控件属性表

窗体及控件	属　　性	设　置　值
from1	名称	tianjiayonghu_ct
	caption	添加用户
	maxbutton	false
	minbutton	false
	mdichild	true
text1	名称	yonghuming_wbk
	text	
text2	名称	mima_wbk
	text	
	passwordchar	*
text3	名称	mimaqueren_wbk
	text	
	passwordchar	*
command1	名称	tianjia_an
	caption	添加
command2	名称	baocun_an
	caption	保存

添加用户窗体的运行效果如图 5-61 所示。

事件代码如下：

```
'控件状态控制
Private Sub kongjianzhuangtai_cx()
    yonghuming_wbk.Enabled=mokuai_ct.
    kongjianzhuangtai_bl
    mima_wbk.Enabled=mokuai_ct.
    kongjianzhuangtai_bl
    mimaqueren_wbk.Enabled=mokuai_ct.
    kongjianzhuangtai_bl
    baocun_an.Enabled=mokuai_ct.kongjianzhuangtai_bl
    tianjia_an.Enabled=Not mokuai_ct.|kongjianzhuangtai_bl
End Sub
'功能实现代码
```

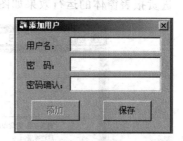

图 5-61 添加用户窗体的运行效果

```
Private Sub baocun_an_Click()
'判断是否完整输入用户名和内容
    If mima_wbk="" Or mimaqueren_wbk="" Then
        MsgBox "登录口令长度不能为零"
        mima_wbk.SetFocus
    Else
        If yonghuming_wbk="" Then
            MsgBox "请输入用户名",,"提示"
            yonghuming_wbk.SetFocus
            Exit Sub
        End If
        sql="select * from 用户验证 where 用户名='" & yonghuming_wbk.Text & "'"
        Set mokuai_ct.shujuyuan_bl=mokuai_ct.shujuku_bl.OpenRecordset(sql)
        If shujuyuan_bl.EOF Then
            mokuai_ct.shujuyuan_bl.AddNew
            mokuai_ct.shujuyuan_bl.Fields("用户名")=yonghuming_wbk.Text
            mokuai_ct.shujuyuan_bl.Fields("密码")=mima_wbk.Text
            mokuai_ct.shujuyuan_bl.Update
        Else
            MsgBox "用户名已存在。",,"提示"
            Exit Sub
        End If
    End If
    mokuai_ct.kongjianzhuangtai_bl=False
    kongjianzhuangtai_cx
End Sub
Private Sub Form_Load()
    mokuai_ct.kongjianzhuangtai_bl=True
    kongjianzhuangtai_cx
End Sub
'添加时对控件进行初始化
Private Sub tianjia_an_Click()
    mokuai_ct.kongjianzhuangtai_bl=True
    kongjianzhuangtai_cx
    yonghuming_wbk.Text=""
    mima_wbk.Text=""
    mimaqueren_wbk.Text=""
End Sub
```

四、总结

经过努力,我们终于完成了商品管理系统的全部设计过程,并使该系统达到可实际应用的阶段。

系统设计是一个精细漫长的过程。在整个过程中,都需要周密的计划和安排,每一步骤都需要按照软件工程标准来完成。在设计中,我们始终坚持理论指导实践原则,并通过实践来加强理论的学习。通过实习锻炼,我们熟悉了软件设计的一般过程,加强了对实际问题的处理能力，也使我们对电子商务有了更深刻的认识。实践证明，在高科技突飞猛进的时代，仅靠课堂所学的知识是远远不够的，必须依靠实践去不断地深化认识，只有加强实际的动手能力，才能更好地掌握这一现代化工具。

<h2 style="text-align:center">作 品 点 评</h2>

该作品是电子商务专业学生的毕业设计作品。学生利用学过的电子商务知识，结合计算机的知识，建立了一个简单的商品管理系统，选题立意较好，结构模块合理，主题突出，实用性强。

<h2 style="text-align:center">实例五　圣典西餐厅网站设计</h2>

<h3 style="text-align:center">摘　　要</h3>

制作一个西餐厅网站，从网站设计的方向和目的、网站设计的整个流程出发，详细介绍了网站设计的全过程。特别说明，本论文标题"圣典西餐厅"纯属随意命名，如有雷同，纯属巧合。

关键词：网站设计；西餐；动画；动态网页

<h3 style="text-align:center">正　　文</h3>

一、网站设计规划

1. 网站建设的背景和要求

网站的建设不仅仅是制作主页，还要考虑网站的定位、目标用户、网站内容、服务事项、空间方案、安全性、艺术设计、数据库技术等。写出详细的建站计划，是网站建设的根源和核心所在。

2. 本站内容的设计与构思

作为一个西餐厅网站，其访问者定位在餐厅消费者。为消费者提供方便快捷的服务是这个网站的宗旨。

图5-62是网站首页的预览图，可以透过主页感受到西餐厅高贵的气氛。

从图5-62可以看到，这个网站主要由首页、美食菜谱、超值套餐、新品推荐、地理位置、常见问题等几大部分组成。

二、网站设计的工具介绍

网站设计用的是 Macromedia 公司出品的"网页三剑客"，即 Dreamweaver MX、Fireworks MX 和 Flash MX。Dreamweaver MX 是网页编辑软件、Fireworks MX 是图

图 5-62　网站首页预览图

形/图像处理软件、Flash MX 是矢量动画编辑软件,它们是 Macromedia 公司专门为网页设计、制作开发的系列软件套件,三者之间可以无缝集成,能够有效地解决网络带宽问题,是设计动画网页的最佳工具。

因为网站的注册登录、留言等功能的设计需要动态网页支持,我们还利用了 Internet 信息服务(IIS)和 Access 数据库。

三、网站的制作过程

1. 首页的制作过程

（1）首页的布局

通过全组组员的构思,规划一份布局。首先,运行 Dreamwear 8,单击 HTML 进入一个新页面,常用→布局→选择"标准、扩展、布局"里的"布局",接着选择旁边的"布局表格"定义整个网页的大小为 980×570；黑色区为 980×25；绿色区为 980×5；蓝色区为 109×80；粉色区为 871×80；绿色区为 980×5；黄色区为 980×40；紫色区为 980×580；浅蓝色区为 980×95,效果如图 5-63 所示。

图 5-63　效果图

（2）Logo 的制作

先从网上找到刀叉的样图,如图 5-64 所示。

步骤如下：

① 运行 PhotoShop CS2 ,新建一个 982×582 像素的图层,分辨率 72 像素/英寸,RGB 颜色 8 位,背景内容白色。

② 打开预先找到的样图,然后利用魔棒选取样图里的叉工具,再用移动工具把选取的样图拽到新建的图层,Alt＋Del 填充颜色为 6b963d。按 Ctrl＋D 键取消选项。

③ 再新建一个图层,利用同样的方法选取刀的样图。

④ 新建一个图层,利用椭圆选框工具(按住 Shift 键画出一个正圆)→编辑→宽边 10px;填充颜色为 6b963d;位置居中→按下确定键→按 Ctrl+D 取消选项。

⑤ 新建一个图层,利用椭圆选框工具(按住 Shift 键画出一个正圆)→编辑→宽边 3px;填充颜色为 6b963d;位置居中→按下确定键→按 Ctrl+D 取消选项,将其正圆移动至第一个绘制的正圆中间。

⑥ 新建一个图层,利用直线工具,按住 Shift 画出一条直线,路径选取→编辑→宽边 1px,填充颜色为 6b963d,位置居中→按下确定键→按 Ctrl+D 取消选项。

⑦ 新建一个图层,利用横排文字工具,输入 ShengDianXiCanTing;字体为 John Handy LET;填充颜色为 6b963d,调整好大小。

⑧ 新建一个图层,利用横排文字工具,输入圣典西餐厅;字体为宋体;填充颜色为 6b963d,调整好大小。

最终制作效果如图 5-65 所示。

图 5-64　刀叉样图

图 5-65　制作效果

(3) Banner 的制作

首先运行 PhotoShop CS2,新建一个 871×80 像素的图层,分辨率 72 像素/英寸,RGB 颜色 8 位,背景内容白色;然后新建相关图层,采用渐变工具,载入预设好的画笔;采用滤镜→模糊→高斯模糊、动感模糊等方法,得到效果如图 5-66 所示。

图 5-66　Banner

(4) 导航菜单的设计

导航菜单的代码:

```
<!-- 下拉菜单--><div class="menu">
    <ul>
        <li>< a class="hide" href="index.asp">首页</a>
        </li>
```

```
      <li><a class= "hide" href= "meishicaipu/caipuzhucai.html">美食菜谱</a>
        <ul>
          <li><a href= "meishicaipu/caipuzhucai.html">主食</a></li>
          <li><a href= "meishicaipu/caipumianbao.html">面包</a></li>
          <li><a href= "meishicaipu/caipugaodian.html">甜品</a></li>
          <li><a href= "meishicaipu/caipuyinpin.html">饮品</a></li>
        </ul>
      </li>
      <li><a class= "hide" href= "chaozhitaocan/chaozhitaocan.html">超值套餐</a>
        <ul>
          <li><a href= "chaozhitaocan/chaozhitaocan.html">情侣套餐</a></li>
          <li><a href= "chaozhitaocan/zhuchutuijian.html">主厨推荐</a></li>
        </ul>
      </li>
      <li><a class= "hide" href= "xinpintuijian/xinpintuijian.html">新品推荐</a>
      </li>
      <li><a class= "hide" href= "diliweizhi/diliweizhi.html">地理位置</a>
      </li>
      <li><a class= "hide" href= "changjianwenti/changjianwenti.html">常见问题</a>
      </li>
      <li><a class= "hide" href= "lianxiwomen/lianxiwomen.html">更多</a>
        <ul>
          <li><a href= "http://www.2ky.cn" title= "colour wheel">联系我们</a></li>
        </ul>
      </li>
    </ul>
    <div align= "center">
    </div>
    <div class= "clear"></div>
```

效果如图 5-67 所示。

图 5-67　导航菜单

(5) 轮播动画的制作

① 首先运行 Flash 8,单击 Flash 文档,进入新文件。把制作好的图片导入库,文件→导入→导入库,设置舞台大小为 980×580;

② 插入→新建元件→拽入一张图片将其转换成元件(影片剪辑),在第 20 帧位置插入关键帧,在第一帧选择图片的属性选择样式将它的 Alpha 改为 0;在第 20 帧时将它的 A 改为 100,然后按右键创建补间动画。回到主舞台,重复上述步骤,将另外两张图片用同样的方法设置好。

③ 选择其中一个元件双击打开,在 20 帧位置添加一个新图层,在这个帧上添加关键

帧。再添加一个脚本全局函数——时间轴控制——stop。让动画播放到第 20 帧时停止。其他 2 格元件重复上面的步骤。

④ 回到主场景第一帧位置,插入一个空白关键帧,将元件 1 拖拽到舞台中。将其对齐,相对于舞台居中,在第二帧的位置插入空白关键帧,将元件 2 拖拽到舞台中,将其对齐,相对于舞台居中。第三帧的位置插入空白关键帧,将元件 3 拖拽到舞台中,将其对齐,相对于舞台居中。

⑤ 新建一个图层,在右下角的地方创建 3 个按钮,在脚本中设置按钮的跳转效果,保存文件。效果如图 5-68 所示。

图 5-68　轮播动画

(6) 首页页脚部分

将背景颜色设置为需要的颜色,再输入文字,效果如图 5-69 所示。

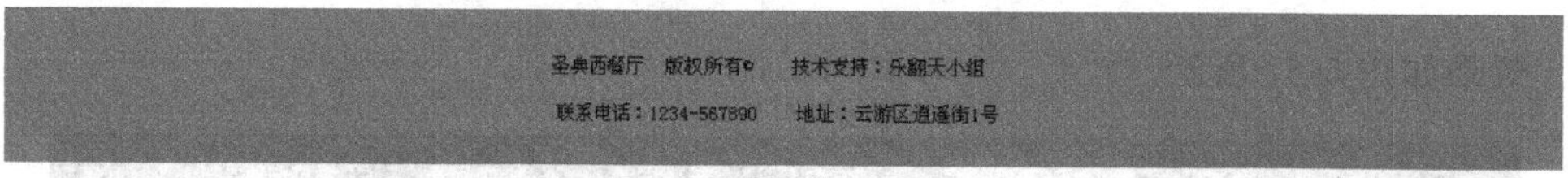

图 5-69　首页页脚

2. 美食菜谱页面的制作

(1) 美食菜谱部分的图片处理

用 Adobe Photoshop CS(PS)软件把一些图片水印去掉,把需要的素材图片统一大小尺寸。有如下四种方法。

① 用仿制图章工具去除;
② 使用修补工具去除文字;
③ 使用修复画笔工具去除文字;
④ 按 Ctrl＋Alt＋方向键。

为了方便做工和整体性,去掉水印后要统一图片尺寸。在 PS 中打开图片,然后用快捷键打开调整图片大小的属性(按住 Ctrl＋Alt＋I),设置宽度为 302 像素,高度为 258 像素,分辨率为 72。

(2) 美食菜谱网页的布局及图片的插入

主页的顶部和底部制作完成后,保存为模板,然后,选择"文件"→"新建"→"文档"。选择之前保存的模板,将其打开。在打开的模板中,进行如下操作以"主食"这个 2 级页面为例。

在中间的空白区域插入一个行数为 1、列数为 2、表格宽度为 100%、边框粗细为 0、单元格边距为 10、间距为 10 的表格;左边一列的属性格式为段落,单元格的宽为 147,高为 528;右侧一列的单元格的宽为 772,高为 528。

(3) 在表格的左侧一列的单元格输入菜谱分类,在表格的右侧插入一个行数为 3、列数为 4、表格宽度为 100%的表格;在表格中插入之前修改好的图片并在图片下方输入菜名。

(4) 选择"文件"→"新建"→"文档",选择之前保存的模板,将其打开。在打开的模板中,在左右两个单元格中各插入一个表格;左侧的表格的宽度为 463,边框粗细为 0,右侧的表格格式为段落,宽为 457,边框粗细为 0。

在左侧的表格中插入素材图片(之前先整理好的图片),右侧插入文本内容,调整好字体的大小、字体颜色和位置,预览效果如图 5-70 所示。美食菜谱的其他三级页面做法类似,不再一一说明。

图 5-70 美食菜谱页面制作

在二级页面中单击对应图片,通过下方属性栏添加图片的超链接。链接到之前做好的三级页面,如图 5-71 所示。

3. 超值套餐页面的制作

(1) 情侣套餐二级页面的设计步骤

① 设计页面布局:设置页面背景为黑色,插入表格。

② 输入标题文字,并设置字体为楷体,字体颜色白色,对齐方式居中。

③ 在表格第二行插入图片。

设置第三行表格的对齐方式为垂直顶端,然后插入一条水平线。水平线格式:高为 2,颜色为#FFFF99。

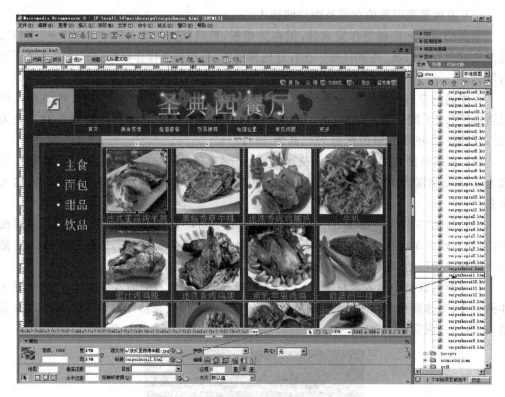

图 5-71 二级页面

④ 插入一个层,名为 ceng01。单击"巴比伦情侣套餐"图片,添加行为 onMouseOut 和 onMouseOver,当鼠标移到该图片上,层 ceng01 显示;当鼠标移开,层 ceng01 隐藏。效果如图 5-72 所示。

图 5-72 超值套餐页面制作

(2) 情侣套餐三级页面效果图

设计页面布局,插入图表和内容,效果如图 5-73 所示。"意大利情侣套餐"和"浪漫情

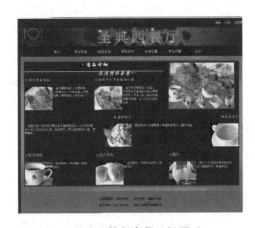

图 5-73 情侣套餐三级页面

侣套餐"网页类似。

(3) 主厨推荐二级网页

步骤如下：

① 页面布局设计：插入图表；

② 插入相关图片和文字。

效果如图 5-74 所示。主厨推荐三级页面设计（略）。

图 5-74 主厨推荐二级页面

(4) 新品推荐页面的制作

这是西餐厅网站"新品推荐"的二级界面，当单击图片时，网页就会响应，显示相应的文字内容，如图 5-75 所示。

制作网页：

① 在制作主页面时，主页的顶部和底部制作完成后，保存为模板。然后，选择"文件"→"新建"→"文档"，选择之前保存过的模板，将其打开。在打开的模板中，在中间空白区域插入一个两行三列的表格。

② 将图片放到表格中。

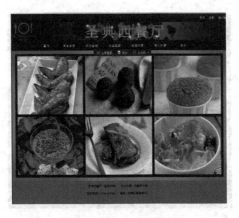

图 5-75　新品推荐页面

③ 为每张图片设置超链接。首先选择上面的其中一幅图片，然后在属性的超级链接里添入刚才保存的页面的链接。这样，单击每个页面会自动链接到与之对应的那个页面。

“地理位置”、“常见问题”、“联系我们”等页面制作过程与上述类似，在此不再一一赘述。

四、数据库设计

网站的数据库在整个网站的设计中占具非常重要的位置，它设计得好与坏直接关系整个网站的成败。在实现数据库之前，首先要设计好数据库的结构。以下是数据库中各个关系模式的设计视图。

Users 注册用户信息表，如图 5-76 所示。

Users : 表

字段名称	数据类型	说明
Nick	文本	
Name	文本	
passw	文本	
Email	文本	
Province	文本	
City	文本	
Address	文本	
Zip	文本	
Phon	文本	

图 5-76　注册用户信息表

GuestBook 留言簿表，如图 5-77 所示。

GuestBook : 表

字段名称	数据类型	说明
Cname	文本	
Email	文本	
Title	文本	
Content	文本	
CurrentTime	文本	

图 5-77　留言簿表

1. 登录注册程序设计

程序所用的数据库是上一节所设计的数据库 Users.mdb,所用到的数据表是 Users 数据表,用于存放自动产生的客户编号、姓名、密码和联系电话等信息。

登录页面是 Login.html:这是一个普通 HTML 文档,用于提供给客户输入登录信息。后台处理程序的文件是 CheckUser.asp:实现将客户提交的登录名和密码与客户数据库中保存的已有记录进行对照,验证通过后生成特定的客户状态信息,并返回到主页,否则重定向到注册页进行注册。

以下是登录页面的验证代码:

```
<Script language="vbscript">
<!--
Sub Checkdata()
    If Form1.Nick.Value= Empty Then
        Alert("登录名没有输入!")
        Form1.Nick.focus
    ElseIf Form1.Password.Value= Empty Then
        Alert("密码没有输入!")
        Form1.Password.focus
    Else
        Form1.Submit
    End If
End Sub
-->
</Script>
```

登录的后台处理程序代码:

```
<!-- # include file= "../Connections/conn.asp" -->
<!-- File name:Checkuser.asp-- >
<%
Dim Nick,Password
Nick= Request.Form("Nick")
Passw= Request.Form("Password")
conn.Open
sql= "Select Passw,Nick From Users Where Nick= '" & Nick & "'"
set rs= conn.execute(sql)
If rs.BOF AND rs.EOF Then
str1= "<script> alert('登录名不存在!');history.back();</script> "
ElseIf rs("Passw")<> Passw Then
str1= "<script> alert('密码错误!');history.back();</script> "
Else
Session("Nick")= Nick
Response.Redirect"../index.asp"
End if
rs.Close
conn.close
Response.Write str1
%>
```

注册页面时,Register.html:用来生成一个表单页面,供客户填写个人信息进行注册。后台处理的程序文件是 CheckRegi.asp;,用来验证新客户提交的注册信息,并将通过验证的注册信息作为一条信息记录保存到 Users 数据表中。

注册验证的代码从略。

2. 访客留言簿

访问留言簿采取分页显示方式,每页仅显示 10 条留言内容。在查看留言簿内容时,来访者若要撰写自己的新留言,只需用鼠标单击该页面上方的"【我要留言】"超链接,会弹出表单页面,提供留言者撰写留言。留言之后,可迅速在留言簿第一页的最前面显示这条留言内容。

程序所用的数据库是上一节设计的数据库 Users.mdb,用到的数据表是 GuestBook 数据表,用于存储留言者姓名、电子邮件地址、主题、留言内容和张贴时间等信息。

Ym.asp:负责读取 GuestBook 数据表中的留言内容,并将这些内容以分页方式显示在客户端的浏览器窗口。

读取数据表留言内容代码:

```
<%
set rs= server.createobject("adodb.recordset")
sql= "select * from GuestBook"
conn.open
rs.open sql,conn,3
rs.pagesize= 10
if request("page")<> "" then
  epage= cint(request("page"))
    if epage<1 then epage= 1
    if epage> rs.pagecount then epage= rs.pagecount
else
epage= 1
end if
rs.absolutepage= epage
%>
```

将留言以表格显示的 HTML 代码:

```
<table border= "0" cellpadding= "0" cellspacing= "1" bgcolor= "# 0000FF" width=
"80% " align= "center">
<tr bgcolor= "# FFFFFF" align= "center">
<th><% = rs(0).name% ></th><th><% = rs(1).name% ></th><th><% = rs(2).name% >
</th><th><% = rs(3).name% ></th><th><% = rs(4).name% ></th>
</tr>
<%
for i= 0 to rs.pagesize-1
if rs.bof or rs.eof then exit for
%>
<tr bgcolor= "# FFFFFF" align= "center">
<td><% = rs(0).value% ></td><td><% = rs(1).value% ></td><td><% = rs(2).
value% ></td><td><% = rs(3).value% ></td><td><% = rs(4).value% ></td>
```

```
</tr>
<%
rs.movenext()
next
%>
</table>
```

GuestBook.Html：主要用来形成一个表单页面，供来访者撰写和张贴新留言。
撰写留言表单的输入验证代码：

```
<script language="JavaScript">
function CheckInfo(){
/* if(form1.Cname.value.length == 0){
alert("请留下你的大名!");
document.form1.Cname.focus();
return false;
}* /
if (form1.Title.value.length == 0){
alert("请输入一个主题!");
document.form1.Title.focus();
return false;
}
if (form1.Content.value.length == 0){
alert("请输入留言内容!");
document.form1.Content.focus();
return false;
}
    return true;
}
</script>
```

效果如图 5-78 所示。

图 5-78　留言表效果图

Post.asp：负责将留言者在表单中填写的各项留言内容写入 GuestBook 数据表，然后再重定向到 GuestBook.asp 页面显示这条新留言的具体内容。代码如下：

```
<!-- #include file="../Connections/conn.asp" -->
```

```
<!-- File name:Post.asp-- >
<%
if session("Nick")<> "" then
Dim Cname,Email,Title,Content,CurrentTime
'读取留言簿表单中的各项内容
Cname= session("Nick")
Email= Request("Email")
If Email= Empty Then Email= "暂无"
Title= Request("Title")
Content= Request("Content")
CurrentTime= Now()
conn.Open
sql= "insert into GuestBook values('" & Cname & "','" & Email & "','" & Title & "','" & Content & "','" & CurrentTime & "')"
conn.execute sql
conn.Close
'重定向到 GuestBook.asp 页面
Response.Redirect"ym.asp"
else
response.Write("<script> alert('请先登录,再留言!');</script> ")
response.Write("<script> window.location.href= '../zcdl/Login.html';</script> ")
end if
%>
```

五、总结

  整个网站的设计开发过程中出现了很多问题,通过看书、上网查询、请教同学,不断学习、提高,在指导老师的帮助下得以完成。设计的网页不论是外观还是内容,都有待不断改进。在设计过程中我们学到了很多以前没有学到的知识。在动手不断实践的过程中,网页设计水平得到了很大的提高。

作 品 点 评

  本毕业设计论文的每一部分都是网站建设的一个步骤,理论与实践结合,既有理论又有实例。内容虽然简单,但是重在实因。

实例六　贝蕾花园彩铅手绘插画

摘　要

  本设计为手绘插画,有了插画的故事才是完整的故事。生活中很多靠文字表达不清的故事都是由插画完成的。彩铅最大的优点是对画面细节的处理,如灯光的过渡,材质的纹理表现,色彩比较鲜艳细腻,所以本设计插画选用的是纯手工彩铅绘画。插画的前景非常广阔。儿童读物、教科书、商业宣传广告,交通法规宣传、楼墙的外围,都需要插画。

关键词:彩铅;手绘;插画

正　文

作品《贝蓓花园》是童话故事《贝蓓花园》的插画,是针对现代市场需求而创作的。

一、手绘插画的创作

1. 作品的基本信息

① 作品属于儿童读物插画,环保,快乐类型;
② 作品的名称《贝蓓花园》也是故事的名称;
③ 故事属于段编故事,里面有四个角色:贝蓓、布丁、蝴蝶精灵和蜜蜂精灵;
④ 作品采用的是纯手工彩铅绘画技法。

2. 故事梗概和作者简介

故事发生在很久以前的一个森林里。主角贝蓓 21 岁,住在森林里,是一个美丽善良的女孩。她喜欢花,也喜欢种花,她的花园里有各种美丽的花。一天蜜蜂精灵采蜜时发现了贝蓓的花园,它喜欢这里的一切。蜜蜂和贝蓓一样善良,它留了下来。接着蝴蝶精灵也来到了这里,它爱美,但更喜欢贝蓓的美,它也留了下来。再后来,男主角布丁也来到这里,他很好奇这里会有如此美丽的花园。遇见贝蓓之后,他有了心跳的感觉,但是布丁只有 17 岁,所以留在贝蓓身边保护贝蓓,并且为大家创造更多快乐,如图 5-79 所示。

图 5-79　故事梗概

这是一个快乐的故事,倡导人类与大自然和谐相处,人与人之间要以诚相待,值得推广。故事插画色彩丰富,角色可爱动人,既可以做成儿童读物,也可以作为商业插画,很有商业价值。

二、创作灵感

1. 创意的产生

小时候经常听妈妈讲童话故事，所以喜欢美好的东西。故事的目的是倡导人类要与大自然和谐相处，爱护大自然，属于社会文明和谐类型，在现实生活中可以起到宣传作用。但是只有文字太单调了，人们会觉得太过于乏味而不去理会。以插画的形式表示效果会更好。彩铅纯手绘环保，颜色鲜艳细腻，能加深读者的印象。

2. 内容的确定

在故事的基础上，再加上绘画的创意会更加吸引人。之所以选择插画，是因为男女老少都喜欢，我本人也比较喜欢插画。而且在确定之前我已经有创作灵感，所以决定进行创作。

三、可行性分析

1. 工作量

完成这个作品需要两三个星期的时间。这个作品首先要有故事的创作、角色设计，然后把每一个角色画出来，最后做成海报。由于这是纯手工绘画，所以会相对费时，但是我会花最短的时间完成。

2. 作者自我分析

在几年的学习中，在平面设计方面比较用心，三维、动画方面只是略懂，平面设计比较擅长。平时喜欢绘画，尤其是临摹，同学都说我是复印机。但是这次的毕业创作完全是我自己创作出来的，没有临摹，有小部分参考。我想在以后的学习工作当中，会有更多的创作，画出自己的风格。

3. 受众分析

《贝蓓花园》倡导人与自然和谐相处，可以做成儿童读物，也可以做成宣传广告，适于更多的人。

四、创作过程

1. 前期

① 首先是写剧本。根据现实社会情况和小时候听过的故事。

② 参考了日本漫画，采用接近写实方式。

③ 确定插画技法。选择纯手工绘画之后，准备一盒水溶性彩色铅笔和一些A3纸，还有一本速写本做设计草稿。

2. 中期

① 根据故事对角色的描述，设计角色的动作和表情，考虑服装搭配等，充分表现角色

性格。

② 选择确定正稿，上色，如图 5-80 所示。

图 5-80　选择上色

3. 后期

① 把所有角色都画在一张海报上。海报的设计很讲究，首先要注意排版要有条理，然后要考虑角色之间的身材比例、背景，角色之间的关联，让人一目了然。

② 整理好所有正稿之后，要做成产品包装。可以做一些比较实用的东西，也可以做一些有宣传作用的东西。

③ 如图 5-81 所示，把作品做成杯子、卡贴、明信片，用来使用和送人，很有意义。

图 5-81　有作品图案的杯子、卡贴、明信片

④ 最后可以把作品装订成册。

五、作品自我评价

1. 创新之处和亮点

如图 5-82 所示，《贝蓓花园》应用非常广泛，而且是老少皆宜。风格上也有独到之处。现在的插画都是用数位板画的，此作品是纯手工绘画，画工精细，色彩丰富细腻，让人觉得

眼前一亮。

2. 不足和有待改进之处

整个作品是参考日本漫画技法绘画的,没有自己独创的风格和特色。彩铅画工还不够精湛,有待进一步提高。

图 5-82　代表作品

六、总结

《贝蓓花园》属于纯手工绘插画,虽然并不算很优秀,但却是独立创作完成的,我会谦虚接受意见和建议,不断努力提高学习。我也找到自己的方向,努力实现自己的梦想。

作 品 点 评

本毕业设计为动漫专业学生作品,文字表述平淡、质朴,作品很有艺术氛围。理论和实践相结合,创作一个动画故事,重在实在。作品在学校内展出过,学生反映不错。

实例七　旋转排插的造型设计

摘　　要

如今家庭电器使用已经非常普遍,每一种电器设备使用都离不开插座。很多电器的充电器体积较大,会遮挡插孔,影响其他插头的使用。目前市面上的插座普遍外形单一、功能单一,创新少。

关键词:排插;外形;旋转

正　文

一、概述

如今的移动插座质量越来越好，功能越来越多，极大地满足了人们生活的需要。我国的排插发展起步较晚，在 21 世纪 70 年代才开始有工厂生产此类产品。随着社会经济不断发展，人们生活水平不断提高，小家电越来越多，需要电气附件的地方越来越多，中国的排插产品市场将会越来越好。

二、排插产品设计

1. 产品造型外观

如图 5-83 所示，产品外观以公园里的长凳为设计元素。产品设计崇尚可观、可赏，追求艺术审美性。以简洁流线为形，造型、光洁的质感，由形及神，形神兼备的和谐之美尽现无余。其中，"形"指由功能决定的造型，而"神"则是形态展现的神韵。

图 5-83　产品造型外观

2. 产品色彩分析

蓝色代表美丽、冷静、理智、安详、广阔、沉稳。

白色代表单调、朴素、坦率、纯洁，使人产生"纯洁"、"天真"、"公正"、"神圣"、"抽象"的超脱感觉。今天，白色更成为一种科技时尚的表现，成为时尚生活的一部分，称为白色经典。

根据主题设计，产品选择白色与蓝色结合更加符合时尚生活的主题，彰显了现代时尚生活的特点。

3. 功能优选

产品中间是四个正方体，由四个不同型号的插口组成的面，可通过旋转满足需求，简单、方便、个性。

4. 生产材料选择

产品属于电子产品；在材料选择上应考虑电绝缘、硬度高、价格适宜等。本产品选用

ABS工程塑料(Acrylonitrile Butadiene Styrene Plastic)。ABS工程塑料具有优良的力学性能,抗冲击强度好,可以在极低的温度下使用。ABS工程塑料的耐磨性优良,尺寸稳定性好,大规模工业生产及容易加工的特性也使其价格低廉。

5. 结构分析

结构是一种规划。合理的结构在产品生产中具有重要作用:一是可以节省原材料;二是减少生产中问题的出现;三是提高产品质量;四是提高产品组合安装的效率等。

旋转排插包括为三部分:上壳、插口和下壳。插口是用来插电器,上下壳是产品主体。分模是产品生产与功能实现的必要,符合模具生产条件,安装简易,是产品设计中结构设计目的。

6. 产品设计方案

旋转排插是以公园的长凳为设计元素,结合产品的功能,将长凳特征和产品功能作为设计结合点,以少胜多的设计概念为产品理念。把中间切开设计成为一个个可以旋转的方块,方块四个面上有四个不同的插口,是一款简洁、新颖的排插产品。

三、总结

旋转排插的造型设计以公园的长凳为设计元素,把中间切开设计成为一个个可以旋转的方块。方块有四个不同的插口,构成了一款简洁新颖的排插产品。旋转排插的造型设计在处理产品造型和功能环境要素两者关系时,使各个对应点在动态与操作发展中求得平衡,并将具有差异性、甚至矛盾性的因素互补融合,建构成一个具有视觉美的、谐调的外形,最大化地满足排插的观赏性、功能性的双重需求。产品既可实际使用,也可以装饰桌面环境。真实的产品内置漏电保护功能、排插防雷(防浪涌)保护、过载保护等功能,保证安全。

作 品 点 评

本毕业设计是工业设计专业学生作品。在设计过程中,充分展示了工业设计专业学生从创意到设计制作的能力,包括外观创意提取、产品构思、产品手绘及方案修改、三维建模、材料选用及实物制作等。本作品在学校展出过,学生反映不错。一定程度上反映了工业设计专业学生的专业能力。

由于涉及专利申请,编者对原文进行了较大的删减,特此说明。

附录A

毕业设计选题与审批表

××学校(院)毕业设计选题与审批表

班级		专业			
姓名				人数	
指导教师					
设计课题					
设计目的					
设计要求					
具体设计安排					
指导教师工作量（设计所需时间）					
设备、工具、材料及资金预算					
注：上述内容由指导教师或专业部(教研组)填写。					
教学系意见	签名：			日期：	
教务处意见	签名：			日期：	
主管校领导意见	签名：			日期：	

附录B

毕业设计实施进度与检查表

毕业设计实施进度与检查表

班级				姓名		学号	
设计题目					指导教师		
阶段	设计时间	本阶段计划完成的任务	该阶段已完成的任务（由学生填写）	教师确认（指导教师填写）			
				签字		完成日期	

附录C

毕业设计成绩评定表

毕业设计成绩评定表

姓名		班级		学号	
专业				毕业时间	
毕业设计题目					
项 目	分数	评 语			
平时成绩					
中期考核成绩		指导教师签名：　　　　　日期：			
论文成绩					
作品评审成绩					
答辩成绩					
设计总评成绩		答辩小组组长签名：　　　　日期：			
答辩委员会意见		答辩委员会主任签名：　　　　日期：			

注：设计总评成绩＝平时成绩×10％＋中期考核成绩×20％＋论文成绩×20％＋作品评审成绩×20％＋答辩成绩×30％。

附录D

创新设计大赛报名表

创新设计大赛报名表

参赛作品名称						
作品类别			作品类型	实物□/软件□/其他：		
联系人			联系人通信地址			
电话			手机		E-mail	
参赛者	序号	姓名	性别	班级	所学专业	备注
	1					
	2					
	3					
指导教师	序号	姓名	性别	职称	专业	备注
	1					
	2					
作品内容简介（限400字以内）						
主要创新点（限200字以内）						
推广应用价值（限200字以内）						
学校推荐意见		负责人：_____（签名或盖章） （公章） 年 月 日				
评审委员会意见		评审委员会专家签名：_____ 年 月 日				

参 考 文 献

[1] 广东省肇庆市高级技工学校.钳工基本操作[M].北京:机械工业出版社,2007.
[2] 郭秀明,张富建.车工理论与实操(入门与初级考证)[M].北京:清华大学出版社,2009.
[3] 张富建,郭英明,叶汉辉.钳工理论与实操(入门与初级考证)[M].北京:清华大学出版社,2010.
[4] 翁海珊,王晶.第一届全国大学生机械创新设计大赛决赛作品集[M].北京:高等教育出版社,2006.
[5] 王晶.第二届全国大学生机械创新设计大赛决赛作品集[M].北京:高等教育出版社,2007.
[6] 王美玲,曾志强,李清,等.设备管理[M].北京:机械工业出版社,2008.
[7] 郭瑞军,唐邦民,谢晗昕.Visual Basic 数据库开发实例精粹[M].北京:电子工业出版社,2005.
[8] 周志高,刘志平.大学毕业设计(论文)写作指南[M].北京:化学工业出版社,2007.
[9] 张俊茹,姜闽虹.高职高专毕业设计与论文写作案例式教程[M].第2版.北京:北京航空航天大学出版社,2008.
[10] 孙波.毕业设计宝典[M].西安:西安电子科技大学出版社,2008.
[11] 欧阳周,刘道德.理工类学生专业论文导写[M].长沙:中南大学出版社,2000.
[12] 冯渊.汽车类专业毕业设计指南[M].南京:南京大学出版社,2008.

参考文献

[1] 龚沛曾,杨志强.大学计算机基础上机实验指导[M].北京:高等教育出版社,2007.
[2] 谭浩强,张基温,王于.国际计算机文化教程[M].北京:清华大学出版社,2009.
[3] 宋美辰,陈志泊,许福.可视化程序设计语言与程序设计[M].北京:清华大学出版社,2010.
[4] 谭浩强,王一兵.第一届全国大学生计算机应用能力与信息素养大赛优秀作品集[M].北京:高等教育出版社,2008.
[5] 王玉民,龚.清华大学计算机应用基础专业考试大纲[M].北京:清华大学出版社,2007.
[6] 刘瑞新,汪远征,李波.数据管理[M].北京:机械工业出版社,2006.
[7] 龚沛曾,杨志强,陆慰民.Visual Basic 程序设计与应用教程[M].北京:电子工业出版社,2008.
[8] 陈晓华,段光平.大学毕业设计(论文)指导范例[M].北京:化学工业出版社,2007.
[9] 文东茹,廖国琼.高校本科毕业生毕业论文(设计)管理研究[J].第2卷,北京:北京航空航天大学学报社,2007.
[10] 林涛.多媒体技术基础[M].重庆:重庆电子科技职业学院出版社,2008.
[11] 张师超,刘丽娟.理工类学生参考论文写作大全[M].上海:中国人事出版社,2010.
[12] 陈永,林少辉.会计毕业论文指南[M].南京:南京大学出版社,2007.